Barbara Peters

RÄTSELHAFTER DIEBSTAHL

Mit Illustrationen von Markus Spang

Kaufmann Verlag

INHALT

Ein besonderer Gottesdienst

„Ich find's echt cool, dass wir am nächsten Sonntag den Gottesdienst gestalten dürfen!", flüstert Elias Frida zu, während Pfarrer Roth den Plan für das Fürbittengebet auf das Flipchart im Jugendraum schreibt.

Frida legt schnell einen Finger auf die Lippen. Pfarrer Roth ist zwar total nett und fast immer guter Laune, aber er mag es gar nicht, wenn der Erstkommunionsunterricht durch „Privatgespräche" und Geflüster gestört wird.

„Ja?", sagt der Pfarrer da auch schon und wirft einen Blick über seine linke Schulter. „Du meldest dich wofür, Elias?"

Elias zuckt zusammen und wird ein bisschen rot.

„Ich – äh – ich – ", stottert er und wirft seinem besten Freund Milo einen hilflosen Blick zu.

Milo zuckt die Achseln, aber da formen Fridas Lippen zum Glück schon das Wort „Gottesbude" und Elias atmet erleichtert auf.

„Ich werde um Hilfe beim Aufstellen der Gottesbuden bitten. Die Container, in denen die Obdachlosen duschen, ihre Wäsche waschen und eine warme Mahlzeit bekommen können!", sagt er schnell.

„Sehr schön!" Pfarrer Roth schreibt zufrieden Elias' Namen auf die Liste und wendet sich dann der Gruppe zu. „Weitere Meldungen?"

Frida möchte gerne für die Kranken bitten und Milo für alle, die in der Nacht keine Wohnung und kein Bett haben. Leni will für die einsamen alten Menschen beten, die niemanden haben, der sich um sie kümmert. Und Lars, der sich für nichts anderes als für Schiffe und Seefahrt interessiert, verspricht, für die Seeleute zu bitten, die weit entfernt von ihren Familien schwere Stürme zu bestehen haben.

„Magst du vielleicht eine Fürbitte für die Flüchtlinge auf dem Mittelmeer sprechen, Bella-Marie?", fragt Pfarrer Roth Moinmoin.

Moinmoin nickt. „Geht kloar! Mok wi!"

„Häh?", fragt Paul mit großen Augen.

„Tschuldigung!" Moinmoin lächelt. „Ich vergesse immer wieder, dass ihr kein Plattdeutsch versteht. Ich meinte: ‚Alles klar! Mach ich!'"

Bella-Marie wird von allen Moinmoin genannt. Sie geht erst seit Kurzem in dieselbe Klasse wie Frida, Milo und Elias und seit zwei Wochen besucht sie auch den Kommunionsunterricht in der St.-Stephanus-Gemeinde. Moinmoin ist aus Schleswig-Holstein nach Beelzenau gezogen und sie ist irgendwie komisch. Sie trägt fast immer knallgelbe Gummistiefel, eine alte Öljacke und dicke selbst gestrickte Wollpullis und Socken. Vor allem aber redet sie so seltsam. Sie benutzt viele Wörter, die die anderen Kinder hier nicht kennen. Zum Beispiel sagt sie nicht einfach „Hallo!", „Guten Morgen" oder „Grüß Gott!", wenn sie jemanden trifft, sondern ruft immer „Moin, Moin!". Das soll wohl „Guten Morgen!" heißen.

Aber Moinmoin verwendet den Gruß auch am Nachmittag, abends und ganz bestimmt sogar mitten in der Nacht. Daher auch ihr Spitzname.

„Wunderbar!" Pfarrer Roth legt den Filzschreiber auf den Tisch und reibt sich die Hände. „Nun haben alle ein Thema für ihre Fürbitte gewählt. Bis Sonntag überlegt ihr euch noch, wie ihr eure Bitte an Gott formuliert. Ein oder zwei Sätze, das genügt völlig."

„Und wo sollen wir stehen, wenn wir unsere Bitten sprechen?", will Leni wissen.

„Na, ich denke vorne im Altarraum, oder was meint ihr?" Der Pfarrer blickt fragend in die Runde.

„Ich hab eine Idee!", ruft Frida. „Wir könnten uns doch im ganzen Kirchenschiff verteilen. Dann kommen unsere Bitten aus allen Ecken und Winkeln der Kirche!"

„Das wäre cool!", ruft Paul.

„Genau!", sagt Elias. „Dann hört es sich so an, als ob unsere Bitten nicht von uns Kommunionskindern kommen, sondern aus der ganzen Gemeinde!"

„Das klingt sicher toll!", stimmt Milo seinem Freund zu.

Auch Pfarrer Roth ist begeistert. „Feine Idee, Frida!", sagt er. „So machen wir das. Das ist mal etwas anderes! Etwas Besonderes! – Und nun, zum heutigen Abschluss, singen wir noch mal das Lied, das wir auch am Sonntag mit der Gemeinde singen werden. Lars, begleitest du uns wieder auf der Gitarre?"

„Mach ich!", sagt Lars und schon bald erklingen die ersten Akkorde des Kanons „Einsam bist du klein, aber gemeinsam werden wir Anwalt des Lebendigen sein".

Wenig später stehen Frida, Milo und Elias bei den Fahrradständern vor dem Jugendhaus.

„Das wird ein super Familiengottesdienst am Sonntag!", sagt Frida zufrieden und schließt ihr Fahrradschloss auf.

„Auf jeden Fall! Gebt fünf!" Elias hebt seine Hand und Milo und Frida klatschen ihn ab. Die drei sind schon ewig allerbeste Freunde. Seit ihrer gemeinsamen Kindergartenzeit sind sie unzertrennlich.

„Na dann, bis morgen in der Schule!", ruft Milo und will sich gerade auf sein Mountainbike schwingen, als plötzlich durchdringendes Kindergeschrei ertönt.

Vor der Eingangstür der kirchlichen Kita wirft sich ein kreischendes kleines Mädchen wütend auf den Boden.

„Iiiich will nicht! Geh weg! Mama soll kommen! Maaaaa-maaaa!", schreit die Kleine und schlägt wild um sich.

„Mensch, Mara! Hör doch auf!", versucht ein etwa siebenjähriger Junge die Kleine zu beruhigen. „Mama arbeitet noch. Das weißt du doch! Jetzt steh halt endlich auf. Wir müssen nach Hause gehen!" Dabei zerrt er am Arm des Mädchens, was lediglich dazu führt, dass das Geschrei schriller und wilder wird.

„Der arme Tom", murmelt Frida und schaut mitleidig zu den Kindern.

„Kennst du die?", fragt Milo.

„Das ist doch Tom, aus der 1a!", antwortet Elias für Frida.

„Genau." Frida nickt. „Mit seiner kleinen Schwester Mara. Ich hab die beiden schon oft gesehen. Tom muss die Kleine fast jeden Tag aus der Kita abholen. Er geht auch mit ihr einkaufen. Ich habe sie schon zusammen im Supermarkt getroffen."

„Boah! Die kleine Schwester jeden Tag abholen? Das ist echt voll blöde!" Milo schüttelt den Kopf. „Wenn ich mir vorstelle, dass ich das mit Max machen müsste – das wäre eine Katastrophe!"

„Aber dein kleiner Bruder ist doch soooo süß!", sagt Frida und beobachtet Tom, der seine Schwester genervt am Arm hinter sich herzieht. Die Kleine hat aufgehört zu toben und weint nur noch leise.

„Voll süß? Max? Hast du eine Ahnung! Der kann auch anders, das kannst du mir glauben!", ruft Milo und schwingt sich auf sein Rad. „Bis morgen!"

„Bis morgen!", rufen Frida und Elias gleichzeitig und machen sich ebenfalls auf den Heimweg.

Ein Dieb im Gottesdienst?

Der Familiengottesdienst am Sonntag endet mit einem großartigen Orgel-Nachspiel. Frida, Milo und Elias ziehen unter den Klängen der großen Orgel zusammen mit den anderen Erstkommunionskindern durch den Mittelgang der St.-Stephanus-Kirche zum Eingangsportal. Frida schaut ihre Freunde an. Ob sie auch spüren, wie wunderbar das Brausen der Orgeltöne im ganzen Körper kribbelt? Das ist so ein besonderes Gefühl. Irgendwie – erhaben!

„Cooler Gottesdienst!" Elias strahlt Pfarrer Roth an, als die Erstkommunionskinder sich zu beiden Seiten der doppelflügeligen Eichentür im Sonnenschein aufstellen, um die Gottesdienstbesucher zu verabschieden.

Der Pfarrer nickt zufrieden. Er sieht sogar ein wenig stolz aus. „Das habt ihr prima gemacht!", sagt er, während er einem Mann die Hand schüttelt, dessen Kleidung ein bisschen schäbig wirkt. Sein Mantel ist abgewetzt und an seinem linken Schuh ist die Sohle lose. Wahrscheinlich hat er nicht viel Geld.

Er schaut den Pfarrer freundlich an und sagt leise: „Ein schöner Gottesdienst! Und eine gute Predigt! Danke, Robert!"

„Martin Vogt! Schön, dass du im Gottesdienst warst, Martin. Aber dein Lob gilt meiner Kommuniongruppe! Das musst du den Kindern sagen!", lacht Pfarrer Roth. „Die waren heute allein für fast alles verantwortlich."

Die Augen von Herrn Vogt wandern über die Erstkommunionskinder und bleiben an Moinmoin hängen. Kein Wunder, sie ist sogar zum Sonntagsgottesdienst in Gummistiefeln gekommen. Das sieht irgendwie befremdlich aus. Martin Vogt lächelt. „Das habt ihr wirklich sehr gut gemacht!", sagt er. „Hut ab!"

„Das stimmt!", ruft eine alte Dame. „So schöne Fürbitten! Und so ein herrlicher Kanon! Ich hatte Tränen in den Augen!"

Milo nickt. „Das klang wirklich toll", sagt er zu Frida und Elias, „als unsere Bitten aus allen Winkeln der Kirche kamen. Super Idee, Frida!"

Frida wird ein wenig rot. „Nicht so laut, Milo!", flüstert sie. Doch die vielen Leute vor der Kirche haben es bereits gehört. Alle schauen Frida an. Das mag sie überhaupt nicht. Womöglich wollen sie ihr jetzt auch noch die Hand schütteln. Das ist so was von peinlich.

Doch niemand schüttelt Fridas Hand und keiner sagt irgendetwas zu ihr, weil aus der Kirche plötzlich eine aufgeregte, wütende Stimme ertönt.

„Verdammt! Diebe! Wer war das?!", schreit ein junger Mann und stürzt aus dem Kirchendämmerlicht hinaus auf den Vorplatz. Außer sich bleibt er direkt vor Pfarrer Roth stehen.

„Im Gottesdienst! Einfach geklaut!", schimpft er.

„Bitte, beruhigen Sie sich doch!", sagt Pfarrer Roth freundlich und legt dem jungen Mann eine Hand auf die Schulter.

„Beruhigen! Wie denn das?", schäumt dieser vor Wut. „Weg! Es ist weg! Jemand hat es aus meinem Rucksack gestohlen!"

„Gestohlen? Was wurde denn gestohlen?", fragt Elias mit großen Augen.

„Na mein iPad natürlich!", schnaubt der junge Mann und fährt sich nervös mit der Hand durch die blonden Locken. „Während des Abendmahls! Da habe ich den Rucksack nämlich in der Kirchenbank liegen lassen, als ich nach vorne zum Altar gegangen bin. Da muss es passiert sein. Ganz bestimmt."

Diebe im Gottesdienst? Frida ist entsetzt! So etwas kann sie sich nicht vorstellen!

„Das klärt sich sicher auf", versucht der Pfarrer den jungen Mann zu beruhigen. „Ich kann nicht glauben, dass unter unseren Gemeindemitgliedern ein Dieb ist. Ich werde den Küster bitten, nach Ihrem iPad zu suchen!"

Elias schaut Frida und Milo an. Die drei denken das Gleiche. Wer braucht eigentlich ein iPad im Gottesdienst? Im Gottesdienst betet man, man freut sich an der Orgelmusik, man singt Kirchenlieder und man hört zu, wenn der Pfarrer predigt. Dafür braucht man doch kein Tablet.

„Kann es vielleicht sein, dass Sie das iPad heute Morgen gar nicht in den Rucksack gesteckt haben?", fragt Milo vorsichtig. „Ich meine – vielleicht hatten Sie es überhaupt nicht dabei. Vielleicht haben Sie es ja zu Hause vergessen?"

Elias muss grinsen. Vergessen! Ja, damit kennt Milo sich aus. Ständig verschusselt, verlegt oder verliert sein bester Freund irgendetwas. Den Haustürschlüssel, seinen Füller, die Hausaufgaben oder seine Geldbörse. Und bisher hat Milo immer alles wiedergefunden. Manchmal an Stellen, an denen niemand das Gesuchte vermutet hätte.

Doch der junge Mann wirft Milo einen bösen Blick zu.

„Vergessen!", schnaubt er. „Auf keinen Fall! Heute Morgen vor dem Gottesdienst war mein iPad hier drin!" Er klopft auf seinen Rucksack. „Und jetzt ist es weg!"

Mit einem energischen Schwung wirft er sich den Rucksack über die Schulter und marschiert über den Kirchenvorplatz davon.

„Ich gehe zur Polizei! Die müssen was unternehmen! Hier will mir ja niemand helfen!", hört Elias ihn noch motzen.

Pfarrer Roth murmelt besorgt: „Ein Diebstahl im Gottesdienst in unserer Kirche … Das wäre wirklich schlimm! Hoffentlich klärt sich das alles auf!" Dann seufzt er tief, wendet sich wieder den Gottesdienstbesuchern zu und schüttelt einer jungen Frau die Hand, die mit ihren beiden Kindern gerade die Kirche verlässt.

„Einen schönen Sonntag, Frau Bergmann!", sagt Pfarrer Roth. „Hallo, Tom! Hallo, Mara! Euch beiden auch einen schönen Sonntag!", fügt er mit einem Blick auf die Kinder hinzu.

„Danke!", murmelt der Junge, während seine kleine Schwester den Daumen in den Mund steckt und den Pfarrer mit großen Augen anschaut.

Was sucht Milo bloß?

Heute dauert es etwas länger, bis sich die Gottesdienstbesucher vor der Kirche zerstreuen und in alle Richtungen auf den Heimweg machen. In kleinen Grüppchen wird aufgeregt über das verschwundene iPad des jungen, blonden Mannes diskutiert. Niemand kann sich vorstellen, dass tatsächlich ein Dieb in der Kirche gewesen ist.

Mit rotem Kopf und ziemlich aus der Puste kommt Küster Schwarz aus der Kirche gerannt. Der kleine, dicke Mann wischt sich die Schweißtropfen von der Glatze und nähert sich dem Pfarrer. „Ich habe alles durchsucht. Unter jeder Bank habe ich nachgeschaut, aber ein iPad, das habe ich nirgends gefunden", schnauft er.

Pfarrer Roth seufzt, wie schon so oft in der letzten halben Stunde. Sorgenfalten furchen seine Stirn.

„Danke, Herr Schwarz!", murmelt er und fügt kummervoll hinzu: „Hoffentlich, hoffentlich klärt sich das alles bald auf! Ein Diebstahl in der Kirche, das wäre sehr, sehr unangenehm!"

„Ach, Herr Roth!" Moinmoin lächelt dem Pfarrer zu. „Das wird schon wieder! Kummt alls, as dat kommen mutt. Machen Sie sich keine Sorgen!"

„Genau! Der Mann findet sein iPad sicher zu Hause!", ruft Milo. „Bestimmt hat er sich geirrt! Glauben Sie mir, ich kenne das!" Und er wird ein bisschen rot.

„Danke für den Trost, Milo!", sagt der Pfarrer und atmet tief durch. Dann wendet er sich an die Erstkommunionskinder, die ihn umringen. „Das wär's dann für heute, ihr Lieben. Ihr seid eine tolle Truppe! Danke für euer Mitwirken. Ich wünsche euch allen noch einen schönen Sonntag. Wir sehen uns morgen Nachmittag im Kommunionsunterricht. Auf Wiedersehen!"

„Tschüss!", ruft Frida Moinmoin zu, die mit großen Gummistiefelschritten über den Kirchplatz marschiert.

„Warum redest du denn mit der?", fragt Leni genervt und schaut Frida erstaunt an. „Die ist so seltsam – ich will mit ihr nichts zu tun haben. Ist sie etwa eure Freundin?"

„Nicht direkt." Frida schüttelt den Kopf. „Aber zu mir ist sie immer nett. Da kann man doch wohl mal Tschüss sagen, oder?"

Leni schüttelt verständnislos den Kopf, zuckt mit den Achseln und läuft zu den Fahrradständern.

„Leni hat schon recht, Moinmoin ist komisch", sagt Elias, als die drei Freunde sich auf den Heimweg gemacht haben. „Immer diese alte gelbe Jacke und die Gummistiefel. Und dann redet sie so komisch. Was hat sie da eben eigentlich zu Pfarrer Roth gesagt?"

„Kummt alls, as dat kommen mutt!" Frida grinst. „Mama hat ein Plattdeutsch-Wörterbuch. Da schaue ich immer alles nach, was Moinmoin so sagt. Ist wie Fremdsprachen lernen!" Sie kichert. „Meine Oma würde stattdessen sagen ‚Es kommt, wie es kommt!', glaube ich."

„Okay!" Elias zuckt die Achseln. „Aber wenn sie nun mal hier wohnt, dann sollte sie so sprechen, dass wir sie verstehen. Findest du nicht auch, Milo?"

„Was?" Milo ist stehen geblieben und räumt hektisch seinen Rucksack aus, den er vor sich auf die Erde gestellt hat.

„Ey! Was machst du da?", will Frida wissen.

Elias stöhnt. „Er sucht was, wetten? Er hat schon wieder was verloren, verlegt, verschusselt – was auch immer!"

Milo antwortet nicht. Verbissen wühlt er in dem Rucksack und dabei fliegen Zettel, Stifte, eine Tüte Gummibärchen, Tempotaschentücher und zwei kleine Aufziehautos auf den Boden.

„Mist! Mist! Mist!", murmelt Milo verzweifelt. „Es ist weg! Ich weiß genau, dass ich es hier reingesteckt habe. Was sage ich

bloß Tante Lia? Es war ein Geburtstagsgeschenk und noch ganz neu! Und bestimmt nicht billig!"

Frida und Elias verdrehen die Augen. Nicht schon wieder! Manchmal ist es wirklich anstrengend mit Milo. Immer verlegt er etwas. Ständig sind wichtige Dinge aus Milos Taschen, seinem Schulranzen, seinem Turnbeutel oder, wie jetzt, aus seinem Rucksack verschwunden.

„Ruhig bleiben, Milo!", sagt Elias und legt seinem Freund eine Hand auf die Schulter. Doch genau das kann Milo jetzt überhaupt nicht gebrauchen. Und ruhig bleiben kann er schon gar nicht. Er stößt Elias' Hand weg und gräbt mit beiden Händen in den Seitentaschen seiner Jeans.

„Da ist es auch nicht!" Seine Stimme wird ganz leise. Dünn klingt sie und hoffnungslos. Mit gesenktem Kopf starrt er auf das Chaos zu seinen Füßen.

„Was mach ich denn jetzt?", fragt er tonlos.

„Du sagst uns am besten erst einmal, was verschwunden ist!", verlangt Frida. „Dann können wir suchen helfen!"

Milo hebt den Kopf. Seine Augen wandern von Frida zu Elias und wieder zu Frida. „Das Schweizer Taschenmesser, das Tante Lia mir zum letzten Geburtstag geschenkt hat."

Elias schaut Frida an und schüttelt den Kopf. Dann sagt er: „Das steckt hier!" Dabei tippt er mit dem Zeigefinger auf Milos hintere linke Jeanstasche.

„Echt?" Milos linke Hand fährt in die Hosentasche. Seine Augen strahlen begeistert, als er das Taschenmesser herauszieht. „Elias! Das ist megacool! Danke! Danke! Danke!

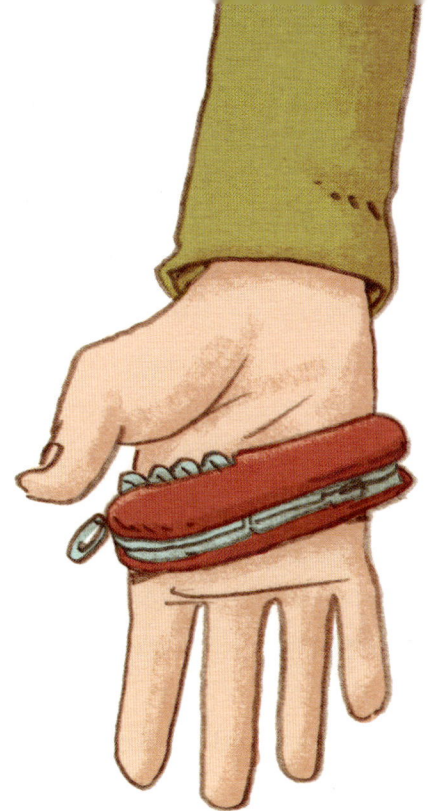

Woher wusstest du …?" Er starrt seinen Freund mit offenem Mund an.

„Ich hab gesehen, wie du das Taschenmesser vor dem Gottesdienst da hineingesteckt hast!" Elias zuckt mit den Achseln. „Und *ich* hab es einfach nicht vergessen!"

„Ich bin so ein Schussel!", ruft Milo vergnügt und stopft seinen ganzen Kram wieder in den Rucksack. „Was für ein Glück, dass das Messer wieder da ist! Ich mag gar nicht dran denken, was Tante Lia gesagt hätte, wenn ich es verbummelt hätte." Er hält einen Moment inne und fährt dann fort. „Vielleicht ist dem Mann mit dem verschwundenen iPad ja was Ähnliches passiert. Vielleicht hat er es zu Hause vergessen.

Oder in eine andere Tasche gesteckt als die, die er mit in der Kirche hatte." Er schaut Frida und Elias fragend an.

Elias nickt nachdenklich und Frida sagt: „Du hast recht. So was könnte sein – obwohl ich glaube, dass es nur sehr wenige Menschen gibt, die so extrem verpeilt sind wie du." Sie zwinkert Milo zu.

„Ich muss jetzt aber los!", ruft Elias plötzlich. „Es ist schon eins! Mama wartet mit dem Essen! Tschüss, Frida! Tschüss, Milo!"

„Tschüss! Und noch mal danke, Elias! Du warst meine Rettung!", sagt Milo und schultert seinen Rucksack.

„Bis morgen, ihr beiden!" Frida biegt in die Hauptstraße ab. Plötzlich dreht sie sich noch einmal um und ruft: „Vergiss deinen Tuschkasten nicht, Milo! Wir haben in der dritten und vierten Stunde Kunst!"

Dass Milo rot wird, sieht sie nicht mehr.

Aufregung auf dem Schulhof

Als die drei Freunde am Montagmorgen vor der Schule ankommen, ist das Fußballspiel, das sich ein paar Kinder jeden
Morgen vor Unterrichtsbeginn liefern, noch in vollem Gange.
Zwölf Jungen und Mädchen aus verschiedenen Klassenstufen
kicken wie immer wild auf dem Schulhof. Ihre Ranzen haben sie auf der Bank zwischen den beiden Papierkörben abgestellt. Etliche andere Schüler stehen am Spielfeldrand und

feuern ihre Freunde an. Das wollen sich Frida, Milo und Elias nicht entgehen lassen. Sie gesellen sich dazu.

Frida entdeckt Moinmoin, die allein hinter einem der Tore steht und zuschaut. Heute trägt sie zur gelben Regenjacke eine dunkelblaue, wollene Pudelmütze mit Bommel. Frida winkt ihr freundlich zu und Moinmoin winkt zurück. An der großen Eiche lehnt der Erstklässler Tom und knabbert an einem Brötchen. Plötzlich gibt es Streit auf dem Spielfeld.

„Das war ein Foul, du Blödmann!", schreit ein Junge und rempelt seinem Gegenspieler unsanft den Ellbogen in die Seite.

„Au! Spinnst du? Was soll das denn? Ich hab gar nichts gemacht!", brüllt dieser und für einen kurzen Moment sieht es so aus, als würde das Fußballspiel gleich in einer wilden Keilerei enden.

Zum Glück läutet es in diesem Augenblick zum ersten Mal zum Unterricht. Die Fußballerspielerinnen und Fußballspieler laufen zu der Bank, an der sie ihre Schultaschen geparkt

haben, um sich dann schnell auf den Weg in die Klassenräume zu begeben.

In dem ganzen Getümmel ertönt auf einmal ein lauter, wütender Schrei.

„Was zum ...! Wo ...? Oh neiiin!"

Frida zuckt zusammen. Das ist der Zweitklässler Theo, der eben noch als Stürmer auf dem Fußballfeld zwei Tore geschossen hat. Jetzt steht der Junge aufgebracht vor

23

der Bank und zeigt erschrocken auf seinen offenen Schulranzen. Elias, Milo und Frida drängeln sich durch die Kinder, die Theo umringen. Sie wollen unbedingt sehen, was da los ist.

„20 Euro!", ruft Theo völlig aufgelöst und durchsucht seinen Ranzen wieder und wieder. „Die Geldbörse ist weg! Verschwunden!"

„Du meinst das Geld für die Rennautos, die du dir heute für deine Hot-Wheels-Rennbahn kaufen wolltest?", fragt ein Mädchen aus Theos Klasse.

„Genau!", nuschelt Theo jetzt mit tränenbelegter Stimme. „Da hab ich wochenlang drauf gespart und jetzt ist das Geld weg!" Er schluckt und hebt den Kopf. „Geklaut! Jemand hat meine Geldbörse gestohlen. Eben grade, als wir Fußball gespielt haben. – Wer war das?" Theos Stimme wird wieder lauter und er schaut sich mit zornfunkelnden Augen auf dem Schulhof um.

„Hattest du den Schulranzen hier einfach abgestellt?", fragt Frida.

„Ja! Und?", schnaubt Theo böse. „Wir stellen alle unsere Ranzen morgens hier auf die Bank. Jeden Morgen. Weil wir vor der Schule immer noch eine Runde Fußball spielen! Dafür haben wir doch keine Ranzen-Wache!" Er schüttelt den Kopf und zeigt Frida einen Vogel. „Einfach abgestellt!! So ein Quatsch!"

Ein paar Kinder nicken und murmeln zustimmend.

„Und hier ist noch nie was weggekommen!", ruft Fabian aus der 3b.

„Aber als es eben zum ersten Mal geläutet hat, wollte ich meinen Ranzen holen und da war er offen!", sagt Theo. „Jemand hat ihn aufgemacht und das Geld rausgeholt! Das melde ich im Sekretariat! Jetzt gleich! Und wenn ich den Dieb erwische, dann …"

Doch was Theo mit demjenigen machen will, das hören Frida, Milo und Elias nicht mehr, denn jetzt läutet es zum zweiten Mal. In fünf Minuten beginnt die erste Stunde. Sie müssen sich beeilen.

„Wer wusste eigentlich, dass Theo so viel Geld im Ranzen hat?", fragt Milo nachdenklich.

„Also die ganze 2a auf jeden Fall!", sagt Lisa, eine Klassenkameradin von Theo, die direkt hinter den drei Freunden darauf wartet, dass sie das Schulgebäude betreten kann.

„Tatsächlich?", erkundigt sich Elias.

Lisa nickt. „Klar doch! Theo hat ja gestern den ganzen Tag über von nichts anderem geredet als von den Rennautos, die er sich heute kaufen will. Und von den 20 Euro, die er gespart hat, und wie lange es gedauert hat, bis er sie zusammen hatte. Aus unserer Klasse wusste das jeder. Das konnte man nicht überhören. Das war ständig Thema. In der Klasse und auf dem Pausenhof." Sie zuckt mit den Achseln. „So ist Theo eben. Manchmal muss er ein bisschen angeben …"

„Er hat auch auf dem Pausenhof darüber geredet?", fragt Frida und Lisa nickt.

„Dann konnte es theoretisch ja fast die ganze Schule wissen", überlegt Elias nachdenklich.

Mittlerweile sind die drei Freunde vor ihrem Klassenraum angekommen.

Während sie ihre Jacken an die Garderobenhaken hängen, sagt Frida: „Gestern das iPad in der Kirche und jetzt Theos Geldbörse. Meint ihr, dass wir hier in Beelzenau wirklich einen echten Dieb haben?"

Eine Krawattennadel und eine Stoppuhr

Am Nachmittag treffen sich Frida, Milo und Elias im Jugend-raum der St.-Stephanus-Gemeinde zum Erstkommunions-unterricht.

„Ich hab noch mal über die Diebstähle nachgedacht ...", sagt Frida, doch Milo lässt sie nicht ausreden. Aufgeregt wedelt er mit etwas Kleinem, Funkelndem vor den Nasen von Frida und Elias herum und ruft: „Ist die nicht supercool? Schaut mal!"

Elias kneift die Augen zusammen. „Halt das Ding doch mal still! Man kann ja gar nichts erkennen!"

Milos Hand stoppt und Frida staunt: „Eine Krawattennadel! Aus Gold? Ist die echt?"

„Woher hast du die?", will Elias wissen.

„Klar ist die echt! Ich war doch heute, wie jeden Mon-tag, bei Oma zum Mittag-essen", erzählt Milo. „Und da hat sie sie mir geschenkt. Die ist noch von meinem Opa, der hat sie von seinem Vater zur Erstkommunion bekom-

men. Und weil Oma und Opa Töchter und keine Söhne haben ...“

„Deine Mutter und deine Tante Lia – die brauchen natürlich keine Krawattennadeln“, unterbricht ihn Frida.

„Genau!“ Milo nickt. „Deshalb hat Oma die Nadel für mich aufbewahrt. Ich soll sie zur Erstkommunion tragen. Und damit ich ausprobieren kann, wie sie an meinem Schlips sitzt, habe ich sie heute schon bekommen. Dabei habe ich noch gar keine Krawatte. Aber Mama will mir bald eine kaufen und einen Anzug.“ Er strahlt. „Die sieht bestimmt super aus!“ Elias fährt mit dem Finger vorsichtig über das Schmuckstück. „Auf jeden Fall. Richtig festlich!“

Milo nickt. „Das finde ich auch. Ich freu mich wie Bolle!“

„Wie schön, dass in dir so viel Freude ist, Milo!“, unterbricht ihn Pfarrer Roth, der gerade den Jugendraum betritt. „Aber jetzt steckst du das Kleinod lieber weg und konzentrierst dich auf den Unterricht, okay?“

„Ha... hallo, Herr Pfarrer. Ja, natürlich. Ma... mach ich“, stottert Milo erschrocken und stopft die Krawattennadel fahrig in seine Hosentasche.

„Seid mir gegrüßt, ihr Lieben!“, wendet sich der Pfarrer jetzt an die Gruppe.

„Hallo, Pfarrer Roth!“, murmeln die Kinder durcheinander. Moinmoin sagt natürlich „Moin, Moin!“, was sonst.

Frida muss grinsen. Aber nicht wegen Moinmoin, sondern weil Pfarrer Roth manchmal so umständlich altmodisch spricht. Das ist witzig.

„Ihr wart großartig gestern im Gottesdienst!", sagt Pfarrer Roth. „Ich bin stolz auf euch. Dafür habt ihr euch eine Belohnung verdient. Ihr dürft euch etwas aussuchen."

Sofort entsteht ein ziemliches Durcheinander. Jedes Kind hat einen Vorschlag. „Eis essen gehen!" – „Nein, Fußball spielen!" – „Nee, lieber Tischkicker spielen!"

Die Vorschläge prasseln auf den Pfarrer ein. Nach einer kurzen Diskussion einigen sich alle auf Skateboard fahren. Direkt hinter dem Kirchhof liegt die Halfpipe der Skaterbahn und im Materialienraum der Jugendetage werden auch einige Skateboards aufbewahrt.

„Alles okay, Frida?", fragt Elias. Er weiß, dass sie nicht gerne Skateboard fährt.

„Kein Problem!", lacht Frida und hält ein Buch hoch. „Ich setze mich in die Sonne und lese."

„Exotische Tiere?", fragt Milo.

„Hab ich mir aus der Bücherei in der Schule ausgeliehen!"
Frida nickt. „Total interessant!"

Lars und Paul kommen mit den letzten vier Skateboards, die noch heil sind, aus dem Materialienraum zurück, und Paul ruft: „Wir müssen uns halt abwechseln!"

„Na", sagt Pfarrer Roth. „Das sollte doch kein Problem sein." Gemeinsam verlassen alle das Gemeindehaus.

„Herr Pfarrer!", ruft Moinmoin plötzlich und kehrt wieder um. „Ich komme gleich. Ich muss noch mal aufs Klo. Wat mutt, dat mutt!" Und schon rennt sie zurück.

Als die Gruppe die Skaterbahn erreicht hat, gibt es Streit. Vier Skateboards für die zehn Kinder – da will natürlich jeder der Erste sein. Bis auf Frida, die schon auf einem Mäuerchen sitzt und in ihrem Buch blättert.

„Hört auf!", ruft Leni, als Paul Lars wütend in die Seite boxt. „Wir machen das ganz gerecht. Ich hole Opas Stoppuhr aus meinem Rucksack. Wir legen fest, wie lange jedes Kind fahren darf, und stoppen dann immer die Zeiten. Das ist gerecht und alle dürfen gleich lang fahren."

Das ist eine gute Idee. Leni läuft sofort in die Jugendetage, kommt aber nach wenigen Minuten außer Atem zurück. Milo sieht schon von Weitem, dass etwas nicht stimmt. Weint Leni etwa? Tatsächlich, Tränen laufen über ihre Wangen.

„Leni, was ist denn los?", fragt er erschrocken.

Mit hängenden Schultern bleibt Leni stehen. Schluchzend sagt sie: „Meine Stoppuhr ist weg! Die hat mir doch mein Opa geschenkt."

Elias legt einen Arm um Lenis Schultern. Alle Kinder wissen, dass Lenis Opa gestorben ist. Und dass die alte, ein wenig schäbig aussehende Stoppuhr an dem brüchigen Lederband Lenis liebste Erinnerung an ihn ist.

„Sie war nicht mehr in meinem Rucksack! Sie ist verschwunden!", weint Leni verzweifelt.

Frida schaut Milo und Elias alarmiert an.

„Du bist ganz sicher, dass du sie im Rucksack hattest?", fragt sie Leni behutsam.

Leni nickt unter Tränen.

„Hundertpro! Ehrenwort! Jemand hat sie geklaut!" Sie zieht die Nase hoch und schaut Pfarrer Roth an. „Können wir zur Polizei gehen?"

Pfarrer Roth seufzt. „Ich weiß nicht", sagt er vorsichtig. „Deine Stoppuhr ist nicht besonders wertvoll. Die Polizei wird da wahrscheinlich nichts unternehmen. Die werden denken, dass du sie verloren hast. Komm, wir schauen noch einmal gemeinsam im Jugendraum nach. Vielleicht ist sie dir ja nur heruntergefallen."

Er nimmt Lenis Hand. „Ich bin gleich wieder da!", sagt er zu der Gruppe. „Ich bin sicher, ihr einigt euch mit den Skateboards, oder?"

Die Kinder nicken und Lars und Paul bieten sofort großzügig an, dass die anderen zuerst dran sein dürfen.

„Wir können warten!", sagt Lars. „Oder, Paul?"

„Klar doch!" Paul nickt. „Willst du, Elias?"

Doch Elias schüttelt den Kopf. Er muss erst einmal mit Frida und Milo reden.

„Das ist jetzt der dritte Diebstahl!", sagt er aufgeregt.

Frida nickt nachdenklich. „Erst das iPad im Gottesdienst, dann Theos Geldbörse und jetzt Lenis Stoppuhr! – Das sieht ja schon fast nach einer Serie aus, oder, Milo?"

Doch Milo hört nicht zu. Er wühlt panisch in seinen Hosentaschen. Auf seiner Stirn stehen Schweißperlen.

„Meine Krawattennadel!", keucht er entsetzt. „Ich hatte sie doch hier in die Hosentasche getan – das darf nicht wahr sein! Sie ist weg!"

„Och nee, Milo!", stöhnt Elias. „Nicht schon wieder! Das ist nicht mehr witzig! Wer weiß, wohin du sie gesteckt hast!"

„Bestimmt in deinen Rucksack!", schlägt Frida genervt vor. „Oder in deine Jackentasche? – Mach dich nicht verrückt. Die taucht bestimmt gleich wieder auf. Das kennen wir doch schon! – Wir haben es jetzt mit drei echten Diebstählen zu tun und nicht bloß mit deiner Schusseligkeit!"

„Frida hat recht!", stimmt Elias zu. „Die echten Diebstähle sind viel wichtiger als deine ..." Er malt mit beiden Händen Anführungszeichen in die Luft. „... ‚verschwundene Krawattennadel'."

Die Ermittlungen beginnen

„Nichts", murmelt eine sehr blasse Leni, die unverrichteter Dinge mit Pfarrer Roth vom Gemeindehaus zurückkommt. „Wir haben alles durchsucht. Vielleicht hab ich Opas Stoppuhr doch zu Hause vergessen. Auf meinem Schreibtisch oder so."

Auf ihrem Schreibtisch vergessen? Frida, Milo und Elias schauen sich ungläubig an. Leni hat die Stoppuhr *immer* dabei. Und sie ist ganz sicher nicht so vergesslich wie Milo!

„Du kannst das hier haben!", ruft Lars großzügig und überlässt Leni zum Trost eines der vier Skateboards.

„Danke!" Leni kann schon wieder ein wenig lächeln.

„Das ist total nett von dir, Lars!", sagt Frida.

Während die ersten Erstkommunionkinder rasant durch die Halfpipe sausen, hockt Elias sich zu Frida auf das Mäuerchen. In der Sonne ist es frühlingshaft mild.

„Komm auch her, Milo! Wir müssen über die drei Diebstähle sprechen", sagt Frida und klopft auf die warmen Backsteine.

„Vier!", schnaubt Milo wütend. „Mit meiner Krawattennadel sind es vier Diebstähle!"

Elias verdreht die Augen und öffnet den Mund, doch Frida schneidet ihm das Wort ab: „Okay, vielleicht auch vier. Auf jeden Fall sind es zu viele Diebstähle. Wir müssen was tun!"

„Wir ermitteln! Wie echte Detektive!", ruft Elias.

„Meinetwegen", murmelt Milo. So richtig kann er Elias' Be-
geisterung nicht teilen. Es würde sich alles viel besser anfüh-
len, wenn seine Freunde ihm endlich glauben würden, dass
seine goldene Krawattennadel ebenfalls gestohlen wurde.

„Genau!", sagt Frida ernst. „Zuverlässige Detektive, die werden jetzt gebraucht. Detektive, die solide Ermittlungsarbeit
leisten."

„Ermittlungsarbeit?" Milo runzelt die Stirn. „Was sollen wir
denn tun?"

„Als Erstes schreiben wir alle Verdächtigen auf", bestimmt
Frida und zieht ein Notizbuch und einen Bleistiftstummel

aus der Hosentasche. „Wer hatte die Gelegenheit, das iPad, die Geldbörse und Lenis Stoppuhr zu stehlen?"

„Und meine Krawattennadel!", wirft Milo ein, obwohl Elias die Augen verdreht.

Die Liste in Fridas Büchlein wird lang. Am Gottesdienst haben alle Erstkommunionskinder und deren Eltern teilgenommen. Moinmoin, Lars, Paul – alle waren sie dabei. Küster Schwarz und jede Menge andere Gemeindemitglieder, von denen die drei Freunde die Namen leider nicht kennen.

„Du musst Tom aufschreiben. Den hab ich auch gesehen!", sagt Elias. „Mit seiner Mutter und der kleinen Mara. Und Leni und diesen Martin Vogt."

Als Theos Geldbörse vor der Schule verschwunden ist, waren viele Schüler der Grundschule von Beelzenau auf dem Schulhof. Alle Klassenkameraden von Theo sind verdächtig und alle Kinder, die sich das Fußballspiel angesehen haben. Küster Schwarz und die anderen Leute aus dem Gottesdienst waren allerdings nicht auf dem Schulhof.

„Aber der da!", flüstert Elias plötzlich erschrocken und zeigt auf Martin Vogt, der bei der Skaterbahn aufgetaucht ist und gerade einen kleinen Plausch mit Pfarrer Roth hält. „Den habe ich gesehen!"

„Herrn Vogt?", fragt Frida erstaunt. „Der war morgens an der Schule?"

Elias nickt. „Der kam mir auf dem Schulweg entgegen. Ich glaube, er kam von der Schule. Und der ist auch immer so komisch." Elias runzelt die Stirn. „So grau und blass. Und überall, wo wir sind, ist er auf einmal auch. Als ob er sich heimlich anschleicht. Jetzt auch schon wieder."

Frida zeigt Elias einen Vogel. „Der wohnt hier irgendwo in der Nähe und er geht gern spazieren. Das ist alles. Das ist doch noch nicht verdächtig."

Aber sie schreibt Martin Vogt trotzdem auf. Sicherheitshalber. Man kann ja nie wissen.

Außerdem notiert sie noch schnell den Pfarrer, den hat sie vorhin nämlich vergessen.

„Pfarrer Roth?", fragt Milo entsetzt. „Der ist doch nicht verdächtig!"

„Na ja", überlegt Elias. „Er war am Sonntag in der Kirche und heute in der Jugendetage, wo Lenis Stoppuhr und vielleicht auch Milos Krawattennadel verschwunden sind."

„Trotzdem!", sagt Milo. „Pfarrer Roth ist doch kein Dieb!"

„Meine Lieben!", ruft der Pfarrer in diesem Moment. „Die Zeit ist um. Es ist halb sechs. Lasst uns die Skateboards wegbringen und dann könnt ihr nach Hause gehen."

Auf dem Weg zurück ins Gemeindehaus bleibt Milo plötzlich stehen und packt Frida und Elias an den Armen.

„Schaut mal! Dort drüben vor der Kita!", zischt er. „Das ist doch Tom, oder?"

Vor dem Eingang zur Kita steht der Erstklässler mit gesenktem Kopf vor einem Mann, der wütend gestikuliert.

„Das ist Toms Stiefvater! Der hat aber eine miese Laune!", sagt Frida kopfschüttelnd. Als die drei Freunde näherkommen, sehen sie, wie der Mann Tom am Arm packt und heftig schüttelt.

„Und sonst?", fragt Toms Stiefvater genervt. Mittlerweile sind Frida, Milo und Elias so nahe dran, dass sie hören können, was die beiden sprechen. Tom hält dem Mann etwas hin, das wie ein Butterbrotpapier aussieht.

„Bitte, Daniel!", sagt er mit zitternder Stimme.

Dieser Daniel reißt Tom das Papier aus der Hand und schnaubt: „Und was soll *das*? Was soll ich mit dem Müll?"

Er zerknüllt das Papier und wirft es in Richtung des Papierkorbs, der vor dem Kitaeingang steht, trifft aber nicht. Ohne

sich weiter um Tom zu kümmern, macht er auf dem Absatz kehrt und verschwindet in Richtung Innenstadt.

„Was war das denn?", fragt Elias und beobachtet, wie Tom das Butterbrotpapier aufhebt, ordentlich im Papierkorb entsorgt und dann mit hängenden Schultern die Kita betritt.

„Der Arme! Bestimmt muss er wieder seine Schwester abholen", sagt Milo.

„Wieso macht das eigentlich nicht mal dieser Daniel?", wundert sich Frida und wirft im Vorbeigehen einen raschen Blick in den Papierkorb. Als sie nichts Ungewöhnliches entdecken kann, fährt sie fort: „Und wieso war der so sauer? Weil Tom sein Schulbrot nicht gegessen hat? Der tickt ja nicht ganz richtig!"

Ein perfekter Plan

Am nächsten Vormittag gibt es für Frida und Elias nur ein Thema: ihre Ermittlungen. In jeder kleinen und großen Pause hocken sie über Fridas Verdächtigenliste und überlegen, wie sie ermittlungstechnisch am besten vorgehen sollen. Sie diskutieren mit rauchenden Köpfen und bemerken zunächst gar nicht, dass es Milo nicht gut geht.

„Vielleicht befragen wir am besten der Reihe nach alle, die wir aufgeschrieben haben?", überlegt Elias in der zweiten großen Pause.

Frida nickt. „Ja, wir könnten mit Theos Klassenkameraden anf..." Ein riesengroßer Milo-Seufzer unterbricht sie. „Was ist los?", fragt sie ihren Freund.

„Die Krawattennadel ist wirklich verschwunden! Das müsst ihr mir endlich glauben!", murmelt Milo traurig. Er ist ein klitzekleines bisschen froh darüber, dass Frida ihn endlich beachtet. „Ich habe auch zu Hause überall gesucht und sie nirgends gefunden." Er seufzt noch einmal.

Elias schnappt nach Luft. „Echt? Das ist aber schon ungewöhnlich. Normalerweise findest du doch alles, was du verschusselt hast, immer ziemlich bald wieder!", ruft er.

„Lasst uns systematisch vorgehen!", schlägt Frida vor. „Milo ist unser Freund! Da ist es Ehrensache, dass wir uns zuerst um sein Schmuckstück kümmern." Fragend schaut sie Elias an. Als dieser nickt, bittet sie Milo: „Erzähl einfach noch mal genau, wie das gestern mit der Krawattennadel war."

Milo holt tief Luft und berichtet: Beim Mittagessen hat Oma ihm die Nadel geschenkt. Dann ist er zum Kommunionsunterricht gegangen. Im Jugendraum hat er Frida und Elias die Krawattennadel gezeigt und als Pfarrer Roth kam, hat er sie in die Hosentasche gesteckt. Später, als die ganze Gruppe schon auf dem Weg zur Skaterbahn war und als die Sache mit Lenis Stoppuhr passiert ist, hat er die Hand in die Hosentasche gesteckt, um nach der Goldnadel zu sehen, und da war sie weg!

„Vielleicht!", ruft Frida aufgeregt. „Vielleicht hast du sie so hastig in die Hosentasche gesteckt, dass sie gar nicht richtig drin war und dann …"

„Und dann …", unterbricht Elias sie, „… ist sie auf den Fußboden gefallen, ohne dass du es bemerkt hast!"

Milo nickt nachdenklich. „Das könnte sein, obwohl – als wir nach dem Skaten unsere Rucksäcke geholt haben, habe ich noch mal nachgeschaut. Sie lag nicht vor meinem Platz auf dem Fußboden."

„Wenn dir die Krawattennadel runtergefallen ist, ist vielleicht jemand beim Rausgehen mit dem Fuß dagegen gestoßen und sie ist unter einen Schrank geschlittert", sagt Elias nachdenklich.

„Aber dann muss sie doch jemand gefunden haben. Leni und Pfarrer Roth, als sie Lenis Stoppuhr gesucht haben. Oder der Küster, als er am Abend alles abgeschlossen hat. Oder Frau

Abali, die immer am Vormittag im Gemeindehaus putzt!",
sagt Milo.

„Wenn sie unter einem Schrank lag, haben Pfarrer Roth und
Leni sie sicher übersehen", erklärt Elias.

„Genau!", sagt Frida energisch. „Aber Frau Abali macht auch
unter den Schränken sauber. Milo, du musst gleich nach der
Schule ins Kirchenbüro gehen. Wenn Frau Abali oder der
Küster etwas gefunden haben, haben sie es bestimmt dort
abgegeben."

Elias nickt wild. „Und Frida und ich, wir gehen mit."

Gesagt, getan. Auf dem Heimweg nach der Schule begleiten Frida und Elias Milo ins Kirchenbüro der St.-Stephanus-Gemeinde. Die Gemeindesekretärin ist sehr freundlich. Sie hört sich Milos Frage geduldig an und schüttelt dann traurig den Kopf. Bei ihr ist heute nichts abgegeben worden, nicht von Frau Abali, nicht vom Pfarrer und auch nicht von Küster Schwarz.

„Es tut mir sehr leid, mein Junge", sagt sie, als sie Milos enttäuschtes Gesicht sieht.

„Und nun?", fragt Elias, als sie zu dritt wieder auf dem Kirchplatz stehen. „Was machen wir jetzt?" Er schaut fragend von Frida zu Milo.

Frida zuckt die Schultern und murmelt: „Am besten fangen wir damit an, alle Verdächtigen zu befragen, wie wir es heute in der Schule geplant haben."

Puuuh! Das wird eine langwierige Sache.

„Meine Krawattennadel wurde geklaut!", sagt Milo da mit fester Stimme. „Derjenige, der Lenis Stoppuhr gestohlen hat, der hat die Goldnadel wahrscheinlich auf dem Fußboden gefunden und gleich mitgehen lassen. Da bin ich mir ganz sicher!" Er beißt sich auf die Unterlippe.

Frida nickt. „Das kann sein! Unser Dieb – oder unsere Diebin – nimmt alles mit, was auch nur ein bisschen wertvoll aussieht!"

„Goldene Krawattennadeln, iPads, Geldbörsen und Stoppuhren!", ruft Elias.

„Ich hab's!" Milo grinst.

„Häh! Was hast du? Deine Nadel gefunden?", wundert sich Frida.

„Quatsch! Ich hab eine Idee!" Milo ist
plötzlich Feuer und Flamme. „Eine
Falle! Wir stellen dem Dieb eine
Falle. Hier in seinem Revier rund
um die St.-Stephanus-Kirche,
wo er immer klaut."

Milo hat recht. Alle Diebstähle haben in der Nähe
der Kirche und der Schule
stattgefunden. Bisher hat
sich der Dieb zwischen Schule, Gemeindehaus und Kirche bewegt. Hier kommt er also
häufiger vorbei. Wo, wenn nicht hier, sollte man
ihm also eine Falle stellen?

Aber ... Frida runzelt die Stirn. „Eine Falle, das ist eine gute
Idee. Aber – was für eine Falle?"

„Wir müssen hier etwas liegen lassen, etwas Wertvolles. Als
Köder sozusagen", erklärt Milo.

„Vielleicht auf der Bank dort drüben?", schlägt Elias vor und
zeigt auf eine der Holzbänke, die den Kirchplatz säumen.

Fridas Augen werden kugelrund. „Und wir verstecken uns irgendwo und beobachten alles."

„Und wenn jemand kommt und den Köder mitnimmt, dann
schauen wir, ob er ihn vielleicht zur Polizei oder zum Fund-
büro bringt ...", sagt Elias.

„... oder ob er den Köder selbst einsteckt. Wie meine Krawattennadel!", beendet Milo den Satz seines Freundes.

„Coole Idee!", ruft Frida. „Aber was soll unser Lockmittel sein? Wir brauchen was Wertvolles!"

„Am einfachsten ist Geld!", erklärt Elias und wühlt in seinen Hosentaschen nach den Resten seines Taschengeldes. „Ich habe noch 4,35 Euro!"

Frida weiß, dass sie zu Hause noch 5 Euro in ihrem Sparschwein hat, und auch Milo verspricht, das, was von seinem Taschengeld übrig ist, für den Köder zur Verfügung zu stellen.

„Ich bringe morgen meinen Sportrucksack mit", sagt Elias.

„Und ich habe ein altes Portemonnaie", sagt Frida. „Da tun wir das Geld rein."

„Und dann stecken wir es zusammen mit ein paar Heften und Stiften in Elias' Rucksack!" Milos Augen funkeln vor Vorfreude.

„Und den legen wir auf die Bank!", fährt Elias fort. „Und dann beobachten wir ihn heimlich!"

„Das ist ein prima Plan!", ruft Frida. „Der Dieb soll nur kommen! Wir schnappen ihn!"

Eine Falle für den Dieb

Am nächsten Nachmittag sitzt Frida mit ihrem Buch über exotische Tiere auf den Stufen vor dem Kirchenportal in der Sonne und tut, als ob sie konzentriert lesen würde. Auf der anderen Straßenseite kicken Milo und Elias ab und zu mit einer verbeulten Coladose. Alle drei schauen immer wieder unauffällig zu der Bank am Rande des Kirchplatzes, auf der einsam der Sportrucksack von Elias liegt. Darin befindet sich Fridas Portemonnaie, in dem das gesamte Taschengeld der drei Detektive steckt. Stolze 11,35 Euro. Mehr konnten sie nicht auftreiben.

Lange müssen Frida, Milo und Elias nicht warten. Der erste Mensch, der sich der Bank mit dem Köder-Rucksack nähert, ist – Moinmoin. In Gummistiefeln und gelber Öljacke, wie immer, marschiert sie über den Platz. Als sie die Tasche auf der Bank entdeckt, bleibt sie stehen. Frida linst über den Rand ihres Buches und hält den Atem an. Auch Elias und Milo haben Moinmoin gesehen. Sie lassen die Coladose liegen und hocken sich hinter ein parkendes Auto. Frida rückt mit ihrem Buch in den Schatten einer Mauernische neben der Kirchentür. Aus ihren Verstecken beobachten die drei, was Moinmoin macht ... Zuerst einmal gar nichts. Sie starrt den Rucksack an und schaut sich dann auf dem Kirchenvorplatz um. Will sie sich vergewissern, dass niemand sie sieht? Frida beißt sich auf die Unterlippe und steckt ihre Nase tief in das Buch.

Doch Moinmoin entdeckt weder sie noch Elias und Milo hinter dem parkenden Auto. Moinmoin streckt eine Hand aus, hebt den Rucksack hoch und schüttelt ihn ein wenig. Wieder lässt sie die Augen über den Kirchplatz schweifen.

Elias stößt Milo an: „Die checkt, dass es auch niemand sieht, wenn sie den Rucksack einfach mitnimmt, wetten?"

„Nee!" Milo schüttelt den Kopf. „Die durchsucht ihn bloß."

Tatsächlich. Moinmoins Hand öffnet den Verschluss und fährt hinein. Sie zieht Fridas Geldbörse heraus.

„Die klaut das Geld!", zischt Elias wütend. Ohne sich weiter um Milo zu kümmern, springt er hinter dem Auto hervor und stürmt über den Kirchplatz zu Moinmoin.

„Halt! Stopp!", schreit er, als er die Bank erreicht.

Moinmoin lässt den Rucksack sinken und lächelt Elias an.

„Moin!", sagt sie erstaunt. „Geiht di dat good?"

„Häh?" Elias schüttelt verwirrt den Kopf. Was heißt das denn schon wieder?

„Sorry!", sagt Moinmoin schnell. „Ich wollte eigentlich sagen: Geht's dir gut?"

„Ob's mir gut geht? Du hast vielleicht Probleme!" Elias greift nach dem Rucksack. „Den wolltest du grad klauen! Gibs zu!" Mit einem Ruck reißt er Moinmoin die Tasche aus der Hand. Fridas Portemonnaie fällt dabei auf die Erde. Als Moinmoin sich danach bücken will, stößt Elias sie zur Seite und schnappt sich die Geldbörse.

„Anners noch watt, du Dösbadel?", zischt Moinmoin verärgert. „Was ist eigentlich los?"

„Blöde Frage!", schnappt Elias. „Du wolltest gerade den Rucksack klauen. Du Dieb!"

Moinmoin verschlägt es die Sprache. Mit offenem Mund starrt sie Frida und Milo an, die jetzt hinter Elias auftauchen.

„Blödsinn", sagt sie plötzlich in reinstem Hochdeutsch. „Klauen! So ein Quatsch! Ich wollte nur nachsehen, ob ich den Namen oder die Adresse des Besitzers finden kann. Ich dachte, in der Geldbörse ist vielleicht ein Ausweis oder so was. Und wenn ich nichts gefunden hätte, hätte ich den Rucksack ..."

Sie schaut die drei Freunde scharf an. „*… mit der Geldbörse* ins Kirchenbüro gebracht und dort als Fundstück abgegeben! Was denn sonst?" Sie dreht sich abrupt um und lässt die drei Detektive einfach stehen. „Na, dank ok! Vielen Dank! Ich bin doch keine Diebin!", hören die Freunde sie noch schimpfen.

„O Mann, Elias!", stöhnt Frida.

„Was?!?" Elias ist eindeutig genervt.

„Du hast es vermasselt!", sagt Frida. „Wieso musstest du so schnell zu ihr rüberrennen? Wenn du einfach mal abgewartet hättest, dann wüssten wir jetzt, ob sie ins Kirchenbüro ge-

gangen wäre oder nicht! Du hättest ruhig mal nachdenken können, statt sofort loszudüsen. Ohne Sinn und Verstand. Jetzt haben wir immer noch keine Beweise!"

„Ach nee!", schreit Elias sauer. „Aber du – du weißt natürlich genau, was man hätte machen müssen? Frida Neunmalklug!" Er wirft Milo einen hilfesuchenden Blick zu, doch der steht nur mit gesenktem Kopf da. Er will es sich weder mit Frida noch mit Elias verderben.

„Vertragt euch", bittet er leise. „Streit hilft uns gar nicht!"

Doch Elias hört nicht mehr zu. Zutiefst beleidigt stapft er über den Kirchplatz davon und lässt Frida und Milo einfach stehen.

Am nächsten Morgen herrscht dicke Luft zwischen Frida und Elias. Frida ist immer noch sauer, weil Elias gestern die schöne Falle total vermasselt hat. Und Elias ist immer noch beleidigt, weil Frida ihn so zurechtgewiesen hat. Milo fühlt sich mies, denn er kann beide verstehen. Muss Frida immer so superschlau und besserwisserisch sein? Und kann Elias nicht einfach mal nachdenken, bevor er losstürmt und planlos irgendetwas macht?

Doch diese Probleme verschwinden schlagartig, als die Freunde im Flur lautes Geschrei aus ihrem Klassenzimmer hören. Eine Mädchenstimme kreischt und keift.

„Diebe!" und „Ihr seid ja bloß alle neidisch!" hören die drei Freunde.

„Nora!", sagt Frida und verdreht die Augen.

Milo murmelt: „Die Angeberin! Was hat die denn jetzt schon wieder?"

In der Klasse herrscht große Aufregung. In einem Pulk von Schülern steht Nora. Ihre Augen funkeln böse und man sieht sofort, dass sie wütend ist – superwütend!

„Warst du das, Ben?", schreit sie. „Mit deinem Uralthandy, das nicht mal Fotos macht?"

„Spinnst du?!", wehrt Ben sich. „Ja, mein Handy ist alt, aber deswegen klau ich doch nicht deins!"

„Was ist passiert?", fragt Frida Moinmoin, die direkt neben ihr steht.

„Dat is watt!", sagt Moinmoin und fährt dann auf Hochdeutsch fort. „Noras neues Handy ist verschwunden! Ihr wisst ja, sie hat gerade ein ganz teures neues bekommen!"

Elias nickt. Nora hatte es gestern mit in der Schule. Alle hat sie damit genervt. Ständig führte sie irgend so ein supercooles Handyspiel vor. Jedem hat sie das Handy unter die Nase gehalten, ob man es sehen wollte oder nicht.

„Das Superhandy ist weg?", fragt Milo.

Moinmoin nickt. „Sie sagt, dass sie es nach der zweiten großen Pause in die Anoraktasche gesteckt hat und es dann dort …" Moinmoin tippt sich mit dem Finger an die Stirn. „… *vergessen* hat! Ganz schön blöd, oder? – Erst zu Hause hat sie angeblich gemerkt, dass das Ding verschwunden ist. Na ja – und jetzt verdächtigt sie uns alle."

Nora hat mittlerweile ein anderes Opfer gefunden. Schimpfend steht sie vor Emma: „Gibs zu! Du warst es! Du wünschst dir doch schon immer ein eigenes Handy, und weil deine Eltern dir keins kaufen, hast du dir einfach meins geschnappt!"

Emma hat Tränen in den Augen. „Du bist gemein!", sagt sie leise. „Ich stehle nicht! Ehrenwort! Ich war das nicht!"

Frida zieht Elias und Milo in eine Zimmerecke. Den Streit mit Elias hat sie vergessen. „Noch ein Diebstahl! Wir müssen den Dieb finden! Wenn Nora so weitermacht, ist bald unsere ganze Klassengemeinschaft kaputt!", sagt sie ernst.

In Elias' Kopf jagen sich die Gedanken. „Das Handy *kann* nur Moinmoin geklaut haben. Sonst war keiner unserer Verdächtigen in der Nähe der Klasse. Die anderen aus der Erstkommunionsgruppe gehen in die Parallelklasse oder auf andere Schulen", überlegt er laut.

Milo erschrickt. Was ist mit Martin Vogt? Den hat er doch gestern …

„Martin Vogt!", keucht er aufgeregt. „Den habe ihn gesehen. Gestern in der zweiten großen Pause. Er stand mit dem Hausmeister am Schulhofzaun und hat sich mit ihm unterhalten."

„Echt?" Frida zieht die Augenbrauen hoch. „Martin Vogt? Der schon wieder?"

Und als Milo nickt, fährt sie fort. „Schon komisch. Ständig ist er in der Nähe, wenn was geklaut wird. Er wird immer verdächtiger."

Elias nickt. „Wir müssen ihn beschatten. Ihn und Moinmoin! Gleich heute Nachmittag!"

Pfandflaschen und ein altes Schulbrot

„Bei mir ist heute Nachmittag niemand zu Hause!", erklärt Frida, als die drei Detektive bei Schulschluss vor dem Schultor stehen. „Ich übernehme ihre Überwachung! Und zwar sofort!" Sie zeigt auf Moinmoin, die gerade das Schulgelände verlässt.

„Alles klar!" Elias schaut Milo an. „Und wir kümmern uns um Herrn Vogt, okay?"

Milo nickt und beobachtet, wie Frida Moinmoin unauffällig folgt. Als die beiden Mädchen in einer Seitenstraße verschwunden sind, schaut er Elias an und seufzt. „Und wie

machen wir das? Um Herrn Vogt zu beschatten, müssten wir ihn erst einmal finden. Wir haben doch keine Ahnung, wo er wohnt."

„Aber wir wissen, dass er ständig in der Nähe der Kirche und der Schule spazieren geht", sagt Elias. „Und genau das machen wir jetzt auch."

„Äh – was machen wir? Spazieren gehen?" Milo macht große Augen.

„Klar", sagt Elias, während die beiden Jungen über den Kirchplatz laufen. „Wir gehen zum Friedhof und um die Kirche und auf den Spazierweg bei der Skaterbahn und ..."

„Nicht nötig!", zischt Milo und packt Elias am Jackenärmel. „Da ist er ja!" Er zeigt auf den Eingang der kirchlichen Kita. „Wie bestellt!"

Tatsächlich. Jetzt sieht Elias ihn auch. Vor dem Kitaeingang steht Martin Vogt und starrt in den Papierkorb.

„Sucht der was im Müll?", wundert sich Elias.

„Pfandflaschen vielleicht", murmelt Milo und zeigt auf zwei leere Bierflaschen, die neben den Füßen des Mannes auf dem Boden stehen. „Ist ja blöd, dass manche die wegschmeißen. Die sind ja noch was wert!"

In diesem Augenblick schaut Martin Vogt auf und entdeckt die beiden Jungen.

„Hallo, Herr Vogt!", grüßt Elias geistesgegenwärtig und stößt Milo an, der erschrocken „Äh – ja – äh, hallo!" stammelt.

„Hallo, ihr beiden", sagt Martin Vogt und wischt sich verlegen die Hände an der Hose ab. „Schon Schulschluss?"

Milo nickt und Elias zeigt auf ein dünnes Lederbändchen, das aus Herrn Vogts Jackentasche hängt.

„Achtung", sagt er. „Sie verlieren da gleich etwas."

„Was? – Oh, danke!" Als Herr Vogt das Band zurück in die Tasche stopfen will, bleibt er mit einem Finger daran hängen und zieht es versehentlich ganz heraus.

Milo hält den Atem an und Elias stößt einen leisen Pfiff aus. An dem Bändchen baumelt – eine alte Stoppuhr!

„Die gehört Leni!", ruft Milo entrüstet. „Wo haben Sie die her?" Herr Vogt wird blass. Er blickt verwirrt von Milo zur Stoppuhr und zu Elias. „Die habe ich gerade gefunden", stammelt er und versucht nervös die Stoppuhr wieder in die Jackentasche zu stopfen.

„Gefunden?" Milo wusste gar nicht, wie streng Elias werden kann. „Wo denn?"

„Na hier", sagt Martin Vogt leise. „Ganz unten im Papierkorb!"

Elias wirft Milo einen schnellen Blick zu. Unten im Papierkorb? Wie soll Lenis Stoppuhr denn dorthin gekommen sein? „Sie haben den Papierkorb durchsucht?", fragt Elias erstaunt. „Warum das denn?"

Martin Vogt wird rot. „Das ist mir ein bisschen peinlich", murmelt er. „Ich durchsuche den Müll wegen der Pfandflaschen. Die werden einfach weggeworfen. Und das ist doch schade um das Geld. Ich jedenfalls kann das gut gebrauchen."

Elias runzelt die Stirn. „Die Stoppuhr gehört unserer Freundin Leni. Und Leni hat sie ganz bestimmt nicht einfach so in den Müll geworfen!", sagt er und beobachtet Herrn Vogt genau.

Martin Vogt schüttelt den Kopf. „Einfach so lag sie ja auch nicht im Papierkorb. Die war eingewickelt in ...", er zieht mit spitzen Fingern ein zerknülltes Butterbrotpapier aus dem Drahtkorb, „... dieses Butterbrotpapier."

Milo und Elias schauen sich an, doch bevor sie etwas sagen können, hält Herr Vogt ihnen das Lederband mit Lenis Stoppuhr hin.

„Hier", sagt er und lächelt. „Gebt es eurer kleinen Freundin. Lea, oder wie heißt sie noch?"

„Leni", sagt Milo automatisch und greift nach der alten Uhr. „Danke!"

Martin Vogt bückt sich, hebt die beiden leeren Bierflaschen auf und geht in Richtung Skaterbahn davon.

Verblüfft schauen Elias und Milo ihm hinterher.

„Was war das denn?", keucht Elias. „Die Stoppuhr lag im Müll, eingewickelt in altes Butterbrotpapier? Das glaubt der doch selbst nicht! Wer wickelt eine Stoppuhr denn in schmieriges Butterbrotpapier?"

Ein Gedanke durchzuckt Milo. „Vielleicht war die Uhr gar nicht in dem Papier, sondern Toms Schulbrot! Erinnerst du dich, wie er es am Montag, als wir mit Pfarrer Roth zur Skaterbahn gegangen sind, seinem Stiefvater Daniel gegeben hat? Und der hat es neben den Papierkorb gepfeffert."

Elias nickt. Er erinnert sich, dass Tom das Papier aufgehoben und im Müll versenkt hat. Plötzlich erschrickt er. „Martin Vogt hat das alte Schulbrot gefunden und vielleicht sogar gegessen … Wenn er sehr hungrig war, könnte das doch sein." Er schüttelt sich.

Milo wird ganz aufgeregt. „Und dass die Stoppuhr in dem Butterbrotpapier war, das hat sich Herr Vogt nur ausgedacht, damit wir nicht merken, dass er die Stoppuhr gar nicht gefunden, sondern …"

„… geklaut hat!", beendet Elias den Satz seines Freundes. „Er war in der Nähe der Skaterbahn! Er hat ja dort mit Pfarrer Roth gesprochen. Wir haben ihn alle gesehen. Er hatte auf jeden Fall die Möglichkeit, kurz vorher in den Jugendraum zu gehen und Lenis Stoppuhr zu klauen."

„Und dabei hat er wahrscheinlich auch meine Krawattennadel gefunden", ruft Milo aufgeregt. „Er sammelt Pfandflaschen, weil er das Geld braucht. Er kann ganz sicher auch iPads, Geldbörsen und goldenen Schmuck gebrauchen! Und die Stoppuhr hat er uns nur gegeben, damit wir ihn in Ruhe lassen. Die ist ihm wohl nicht wertvoll genug!"

„Wir müssen Frida erzählen, was wir herausgefunden haben!", sagt Elias.

„Und wir müssen zu Pfarrer Roth gehen. Oder zur Polizei", erklärt Milo. „Ohne Hilfe von Erwachsenen können wir nichts gegen Martin Vogt unternehmen!"

Ein neuer Fall für die drei Detektive

Während Elias und Milo Martin Vogt mit Lenis Stoppuhr erwischen, hockt Frida in einem Gebüsch in der kleinen Siedlung, in der Moinmoin ganz offenbar wohnt. Die Verfolgung bis hierher war überhaupt kein Problem. Moinmoin hat sich nicht einmal umgedreht. Sie zu beschatten war total einfach. Eben ist sie auf den kleinen Weg eingebogen, der an einer Reihe winziger Reihenhäuser vorbeiführt. Wahrscheinlich wohnt Moinmoin in einem dieser Häuschen. Um herauszufinden, in welchem, hat Frida sich blitzschnell hinter einem dicht belaubten Busch versteckt, als plötzlich eine tiefe Männerstimme ertönt: „Wieso kommst du so spät? Ich hatte doch gesagt 15 Uhr!"

Erschrocken zuckt Frida zusammen. Ihr Herz rast. Der Mann klingt so wütend und fies. Dem möchte Frida nicht gerne begegnen.

Frida reckt den Kopf, um zu sehen, woher das Geschimpfe kommt. Dabei entdeckt sie, dass Moinmoin vor einer Haustür stehen geblieben ist. Auch sie scheint den Mann gehört zu haben. Sie steht ganz still, den Schlüssel in der rechten Hand, und lauscht. Jetzt kann Frida den Mann mit der tiefen Meckerstimme sehen. Zwei Häuser von Moinmoins Haus entfernt schaut er mit geballten Fäusten aus einer geöffneten Haustür und vor ihm mit gesenktem Kopf steht - Frida beißt sich auf die Unterlippe – Tom. Der Erstklässler, der ständig seine kleine Schwester aus der Kita abholen muss. Der wohnt auch hier! Er und Moinmoin sind sozusagen Nachbarn.

„Wo hast du dich herumgetrieben, Bengel?" Jetzt erkennt Frida den schimpfenden Mann. Sie erinnert sich, dass Milo, Elias und sie ihn vor der Kita gesehen haben, an dem Nachmittag, als sie mit der Erstkommunionsgruppe auf der Skaterbahn waren. Es ist Toms Stiefvater Daniel.

„Ich bin nach dem Hort gleich nach Hause gekommen", sagt Tom mit leiser Stimme. „Ich hab auf dem Spielplatz nur kurz geschaukelt."

Daniel packt den Jungen und schüttelt ihn grob. „Du hast geschaukelt? Bei dir piepts wohl! Wenn ich sage 15 Uhr, dann meine ich 15 Uhr und nicht 15.10 Uhr!", zischt er böse.

Unwillkürlich schaut Frida auf ihre Armbanduhr. 15.08 Uhr. So ein fieses Theater wegen acht mickriger Minuten Verspätung. Sie schüttelt den Kopf und wirft wieder einen Blick zu Moinmoin. Die lässt die Hand mit dem Haustürschlüssel sinken, geht ein paar Schritte auf Daniel und Tom zu und ruft: „Hallo!"

Frida hat das Gefühl, dass Moinmoin ihre Stimme fröhlich klingen lassen will, aber wirklich fröhlich hört sich das nicht an. Eher ein bisschen ängstlich. Frida kann das gut verstehen, dieser Daniel macht ihr auch Angst.

Jetzt dreht er den Kopf genervt zu Moinmoin und brüllt: „Verschwinde! Hau ab! Das hier geht dich gar nichts an!" Dabei zerrt er an Toms Arm und versetzt ihm dann einen groben Stoß. Und zwar so heftig, dass der Junge auf die rauen Fußwegplatten knallt und vergeblich versucht, einen Schmerzensschrei zu unterdrücken.

„Heul nicht rum!", fährt sein Stiefvater ihn an. „Wegen so einer Kleinigkeit. Reiß dich zusammen und fang schon mal an aufzuräumen – im Wohnzimmer und in der Küche, bevor du deine Schwester abholst. Ist das klar?"

Moinmoin ist zusammengezuckt und stehen geblieben. Hilflos schaut sie von Tom und seinem Stiefvater auf den Hausschlüssel in ihrer Hand. Fridas Herz pocht heftig. Was für ein fieser Kerl dieser Daniel ist. Jetzt stürmt er an Tom und Moinmoin vorbei und macht sich auf den Weg in Richtung Stadt. Frida hält in ihrem Versteck den Atem an.

Moinmoin hockt inzwischen neben Tom, der leise schluchzt und einen Riss in seiner Hose untersucht, durch den sein blutiges Knie zu sehen ist.

„Soll ich ein Pflaster für dich holen?", fragt sie besorgt und legt dem Jungen vorsichtig eine Hand auf die Schulter. „Wir haben welche zu Hause."

„Nee!" Tom schüttelt wild den Kopf, schiebt Moinmoins Hand weg und wischt sich trotzig die Tränen aus den Augen. „Ist schon wieder gut!", murmelt er dann, obwohl Frida deutlich sehen kann, dass überhaupt nichts gut ist.

„Das war ja ganz schön heftig von deinem Stiefvater. Brauchst du Hilfe? Ich kann …", versucht Moinmoin es noch einmal, aber Tom steht auf, schultert seinen Ranzen und betritt das kleine Reihenhaus durch die Haustür, die sein Stiefvater offen gelassen hat.

„Nee!", sagt er abweisend. „Es ist alles okay. Daniel meint das nicht so. Er ist eben manchmal ein bisschen streng. Und außerdem geht dich das gar nichts an!" Er verschwindet im Hausflur und schließt die Tür hinter sich mit einem lauten Knall.

Einen winzigen Moment bleibt Moinmoin vor Toms Haus stehen. Sie sieht traurig aus. Dann atmet sie tief aus, läuft die wenigen Schritte zu ihrer Haustür, schließt auf und geht hinein.

Frida hockt im Gebüsch und fühlt sich wie erschlagen. Sie kann kaum glauben, was sie gerade gesehen hat. Wie unglaublich gemein von diesem Daniel, Tom so grob zu behan-

deln! Und wie nett von Moinmoin, dass sie dem Jungen helfen wollte. Eltern und Stiefeltern dürfen so etwas ganz sicher nicht! Kinder dürfen nicht geschubst und angeschrien werden! Auch Kinder haben Rechte, das weiß Frida ganz genau. Aber warum hat Tom Moinmoin so abgewimmelt? Sie wollte ihm helfen, das war doch total nett von ihr ... Vielleicht ist es ihm peinlich, wie sein Stiefvater ihn behandelt? Das könnte sein. Durch Fridas Kopf rasen die Gedanken. Ob Moinmoin die Diebin ist oder nicht, das ist Frida gerade vollkommen egal. Sie will Tom helfen!

„Dieser Daniel ist so gemein!", murmelt sie. Sie will Tom vor ihm beschützen. Aber wie?

Frida kriecht aus dem Gebüsch und macht sich auf den Heimweg. Morgen in der Schule muss sie mit Elias und Milo sprechen. Sie haben jetzt nämlich einen neuen Fall, das ist ganz klar. Sie müssen nicht nur den Dieb finden, sie müssen auch Tom helfen. Das ist beinahe noch wichtiger als die Aufklärung der Diebstähle. Sie müssen Tom vor Daniel beschützen.

Noch ein Diebstahl

Am Freitag auf dem Schulweg haben Milo, Frida und Elias viel zu besprechen. Aus Elias und Milo sprudeln die Neuigkeiten nur so heraus.

„Martin Vogt ist der Dieb!", erklärt Elias.

„Wir haben ihn erwischt! Mit Lenis Stoppuhr!", fügt Milo hinzu.

„Die er im Müll gefunden hat. Angeblich! In Butterbrotpapier gewickelt! Lächerlich!" Elias tippt sich an die Stirn.

„Das war natürlich gelogen", sagt Milo. „Wir müssen zur Polizei gehen. Alleine können wir Herrn Vogt nicht verhaften. Da brauchen wir Hilfe."

Die beiden Jungen schauen Frida fragend an.

„Wir müssen auf jeden Fall zur Polizei!", sagt Frida. „Schon wegen Tom und seinem Stiefvater."

„Hä? Was willst du denn jetzt mit Tom? Ich dachte, du hast Moinmoin beschattet?", fragt Elias verwirrt.

„Habe ich auch. Ich weiß jetzt, wo sie wohnt. In derselben Siedlung wie Tom. Sie sind Nachbarn", sagt Frida.

„Das ist doch egal", ruft Elias. „Hast du was Verdächtiges über Moinmoin herausgefunden?"

Frida zuckt die Achseln. „Nee, nichts! Aber Tom wird von seinem Stiefvater, diesem Daniel, richtig mies behandelt. Nur weil er acht Minuten zu spät aus der Schule nach Hause gekommen ist, hat sein Stiefvater ihn so doll geschubst, dass er auf den Fußweg geknallt ist! Hose kaputt – Knie blutig. Das ist Kindesmisshandlung!" Auf ihrer Stirn ist eine steile Falte zu sehen. „Deswegen müssen wir zur Polizei gehen. So was dürfen Eltern nicht!"

„Gebongt!", sagt Elias und Milo hebt den rechten Daumen. „Klar gehen wir zur Polizei. Gleich heute Nachmittag!"

Doch jetzt hat die Klasse 3a erst einmal Sport. Basketball, das macht total viel Spaß. Als Frida am Ende der Sportstunde die Mädchenumkleide betritt, stolpert sie über Lotta, die in einem Klamottenhaufen auf dem Boden hockt und etwas sucht. Jedes einzelne Kleidungsstück schüttelt sie aus und

murmelt verzweifelt: „Sie muss doch hier sein! Ich hatte sie in meine Hosentasche gesteckt und jetzt ist sie weg!"

„Was ist weg?", fragt Frida erschrocken. Wurde schon wieder was geklaut?

„Meine Armbanduhr!" Lotta schluchzt auf. „Sie ist verschwunden!"

Emma hockt sich neben Lotta und legt ihr beruhigend einen Arm um die Schultern. „Vielleicht hast du die Uhr im Klassenzimmer vergessen?", fragt sie, doch Lotta schüttelt weinend den Kopf.

Auf dem Weg zurück zur Mathestunde sieht Frida plötzlich Tom. Er sprintet über den Flur zum Jungenklo.

„Holla!", murmelt Frida. „Da hat es aber jemand eilig."

In der Klasse erzählt Lotta der Klassenlehrerin Frau Schmechtel sofort alles über ihre verschwundene Armbanduhr.

Milo reißt die Augen auf: „Nein! Noch ein Diebstahl! Das darf ja wohl nicht wahr sein!" Er schaut Frida an. „Wo war Moinmoin?"

„In der Mädchenumkleide natürlich", sagt Frida. „Und dann in der Turnhalle, wie wir alle." Sie schluckt. „Allerdings war sie als Letzte mit dem Umziehen fertig. – Sie war zu Beginn der Stunde kurz allein in der Umkleide!"

Elias schnaubt: „Ach nee! Wieder Moinmoin! Sie hätte auf jeden Fall die Armbanduhr aus Lottas Hosentasche nehmen können!"

Frida schüttelt den Kopf. Sie kann nicht glauben, dass Bella-Marie eine Diebin ist. So freundlich und fürsorglich, wie sie gestern mit Tom umgegangen ist.

„Was ist denn mit Herrn Vogt?", fragt sie.

„Der kann die Armbanduhr nicht gestohlen haben. Wie sollte der in die Mädchenumkleide kommen? Während des Unterrichts ist das Schultor immer abgeschlossen. Der hatte keine Chance. Aber – vielleicht sind ja beide Diebe?", überlegt Elias. „Moinmoin und Herr Vogt?"

Doch jetzt verliert Frida die Geduld. „Das bringt doch nichts! Wir drehen uns im Kreis", sagt sie streng. „Ich finde, wir gehen heute Nachmittag erst mal zur Polizei. Wegen der Sache mit Tom und seinem Stiefvater und wegen dem, was ihr gestern über Martin Vogt herausgefunden habt." Sie setzt sich an ihren Tisch, holt ihr Mathebuch heraus und knallt es energisch auf die Tischplatte.

Gleich nach der Schule marschieren die drei Detektive zur Polizeiwache von Beelzenau.

„Der Mann aus dem Gottesdienst!", zischt Elias plötzlich, als sie um die Ecke biegen. „Der mit dem verschwundenen iPad!" Er packt Frida am Arm und zieht sie in den Schatten eines kleinen Mäuerchens. Geistesgegenwärtig geht Milo neben seinen Freunden in Deckung. Gebannt starren die Kinder zu den beiden Polizisten, die mit dem jungen Mann auf der Treppe vor der Wache stehen.

„Psst!", zischt Frida. „Lasst uns mal hören, was die besprechen!"

„Sie haben also keine Spur?", fragt der junge Mann gerade. Die beiden Polizisten nicken.

„Nachdem Sie am Sonntagnachmittag Ihre Anzeige aufgegeben haben, haben wir sofort mit den Ermittlungen begonnen", erklärt der eine Polizist freundlich.

Milo stößt Elias den Ellbogen in die Seite. „Guck mal da!", wispert er und zeigt auf ein Mädchen, das in diesem Moment auf die Polizeiwache zukommt.

„Was will die denn hier?", flüstert Frida überrascht, als Moinmoin sich in eine Mauernische schmiegt und genau wie die drei Detektive den jungen Mann und die beiden Polizisten beobachtet.

„Keine Ahnung!" Elias zuckt die Achseln und legt einen Finger auf die Lippen. Milo und Frida wenden ihre Aufmerksamkeit wieder dem Gespräch auf der Reviertreppe zu.

„Sie können wirklich beruhigt sein, wir tun, was wir können", sagt der zweite Polizist gerade.

„Aber haben Sie denn schon einen Verdacht?", will der junge Mann wissen.

„Sorry, aber darüber dürfen wir Ihnen wirklich nichts sagen. Sie verstehen? Laufende Ermittlungen", sagt der erste Polizist.

„Ach so!", sagt der junge Mann. „Aber sowie Sie etwas herausgefunden haben, lassen Sie es mich wissen, oder?"

„Selbstverständlich. Wir ermitteln in alle Richtungen. Und
wir melden uns bei Ihnen, sobald wir etwas wissen. Mehr
können wir Ihnen heute leider wirklich nicht sagen!", sagt
der erste Polizist und lächelt freundlich.

Der junge Mann seufzt, verabschiedet sich von den beiden
Beamten und macht sich auf den Heimweg. Sehr zufrieden
sieht er allerdings nicht aus. Als er an Moinmoin vorbeigeht,

zuckt diese ein wenig zusammen und macht sich in ihrer Mauernische ganz klein.

Der zweite Polizist zündet sich eine Zigarette an. „Zu blöd, das HiFi-Daniel ein Alibi hat", sagt er zu dem anderen Beamten. Frida, Milo und Elias halten den Atem an.

„Stimmt", sagt der erste Polizist. „Er würde wirklich passen. Gerade auf Bewährung entlassen."

„Wegen guter Führung." Sein Kollege lacht. „Erst klaut er, was er kriegen kann. Technische Geräte, Handys, Laptops und so ..."

„... und dann spielt er im Knast den Musterschüler!" Der erste Polizist schüttelt den Kopf.

„Wer weiß, was das für ein Alibi ist!", antwortet der zweite Polizist. „Angeln und Biertrinken mit den besten Kumpels. Diese Ganoven versorgen sich doch nur zu gerne mit Alibis. Wir sollten ihn noch einmal befragen. Vielleicht verwickelt er sich dann in Widersprüche."

Frida, Elias und Milo schauen sich alarmiert an.

„HiFi-*Daniel*?", flüstert Milo. „Was, wenn das Toms Stiefvater ist? Der heißt doch Daniel."

Bevor Elias und Frida etwas sagen können, passieren mehrere Dinge gleichzeitig. Der zweite Polizist entsorgt seine Zigarettenkippe in dem Papierkorb, der am Eingang des Polizeireviers steht. Sein Kollege öffnet die Reviertür weit und sagt: „Na denn, an die Arbeit, Herr Kollege!", und Moinmoin springt aus ihrer Mauernische, stürmt die Treppe hinauf und ruft laut: „Halt! Bitte warten Sie!"

Noch ein Verdächtiger

Als die beiden Polizisten sich erstaunt nach Moinmoin umschauen, schmiegen sich die drei Detektive wieder in den Schatten des kleinen Mäuerchens. Sie wollen unbedingt wissen, was Moinmoin bei der Polizei will!

„Ach – äh – Bella-Marie, nicht wahr?", fragt der erste Polizist und streckt Moinmoin die Hand entgegen. „Was können wir denn diesmal für dich tun?"

Frida, Elias und Milo schauen sich verwirrt an. Wieso kennen die Polizisten Moinmoin?

„Es ist wieder wegen Tom, dem Sohn unserer Nachbarn", sagt Moinmoin und ihre Stimme zittert aufgeregt. „Sein Stiefvater hat ihn geschubst. So doll, dass Tom hingefallen ist und geblutet hat. Und der Stiefvater hat wie verrückt herumgebrüllt! Das war in der ganzen Siedlung zu hören! Diesmal müssen Sie wirklich etwas tun! Wie der mit Tom und Mara umgeht, das ist einfach gemein!" Sie wischt sich mit der Hand über die Augen.

Weint sie etwa? Frida schluckt.

„Bella-Marie", versucht der zweite Polizist Moinmoin zu beruhigen. „Wir haben auch letztes Mal, als du mit deinen Eltern bei uns auf der Wache warst, etwas unternommen."

„Wir haben sofort das Jugendamt verständigt", sagt sein Kollege. „Und wir haben mit Toms ganzer Familie gesprochen. Du erinnerst dich sicher?"

Moinmoin nickt. „Natürlich weiß ich das noch. Aber Toms Mutter hat gesagt, das sei alles nur ein Missverständnis gewesen und Tom und seine Schwester haben geschworen, dass ihr Stiefvater ihnen nichts tut ..." Ihre Stimme wird immer leiser.

„Genau", sagt der zweite Polizist. „Da stand Aussage gegen Aussage. Die von dir und deinen Eltern gegen die von Toms Familie."

„Und die Mitarbeiterin des Jugendamts konnte bei ihrem Besuch auch nichts Verdächtiges feststellen", fügt der erste Polizist hinzu. „Da mussten wir unsere Ermittlungen einstellen. Uns sind da die Hände gebunden."

Moinmoin zieht die Nase hoch. „Aber jetzt ist wieder etwas vorgefallen. Etwas Neues. Ich habe es mit eigenen Augen gesehen. Sie müssen etwas unternehmen! Irgendjemand muss Tom und seiner Schwester doch helfen!" Mit hängenden Schultern steht sie vor den beiden Polizisten. Ein Häufchen Elend.

„Komm erst einmal mit uns hinein in die Wache, Bella-Marie", sagt der zweite Polizist freundlich. „Da kannst du uns alles ganz

genau und in Ruhe erzählen. Wir nehmen ein Protokoll auf und dann überlegen wir, was wir unternehmen können, in Ordnung?"

Moinmoin nickt und verschwindet mit den beiden Männern im Polizeirevier.

Mit einem leisen Klicken fällt die Tür hinter den dreien ins Schloss.

Frida stößt einen erleichterten Seufzer aus. „Was bin ich froh, dass Moinmoin mit den beiden Polizisten gesprochen hat. Hoffentlich kümmern sie sich jetzt um Tom und seinen Stiefvater", sagt sie.

„Ich weiß nicht", sagt Elias nachdenklich. „Die nehmen ein Protokoll auf. Und dann schicken sie Moinmoin wieder nach Hause. Und dann ist erst einmal Wochenende. Bestimmt passiert da nichts vor nächster Woche! Pfffft!"

„Stimmt!", sagt Milo genervt.

Frida nickt und ruft aufgeregt: „Aber wisst wir, was wir jetzt machen? Wir gehen in die Siedlung, in der Tom und Mara und Moinmoin wohnen. Wir schauen uns dort mal ganz unauffällig um. Vielleicht ..."

Milo unterbricht sie begeistert: „Vielleicht finden wir was über Toms Stiefvater heraus."

„Zum Beispiel, ob er und dieser HiFi-Daniel ein und dieselbe Person sind", sagt Elias.

„Und bei Moinmoin können wir uns dann auch gleich noch umsehen!", überlegt Frida.

„Aber was ist mit Martin Vogt?", fragt Milo.

„Um den kümmern wir uns nächste Woche", bestimmt Frida energisch. Doch dann hält sie plötzlich inne.

„Komisch", murmelt sie und runzelt die Stirn.

„Was ist komisch?", will Elias ungeduldig wissen.

Fridas Augen werden kugelrund. „Tom!", sagt sie tonlos. „Der ist auch verdächtig! Dass wir das bisher nicht gesehen haben!" Sie schüttelt nachdenklich den Kopf.

„Wieso ist der verdächtig?", fragt Milo. „Ein Erstklässler. Der ist doch kein Dieb. Der ist viel zu klein für so was!"

„Aber er war immer in der Nähe, wenn was verschwunden ist!", ruft Frida und Elias nickt verblüfft.

„Das stimmt!", sagt er. „Tom war in der Kirche. Und als wir auf der Skaterbahn waren, hat er Mara aus der Kita abgeholt und ..."

„Aber der war doch heute Vormittag in der Schule nicht in der Mädchenumkleide, als Lottas Armbanduhr verschwunden ist", wendet Milo ein.

„Doch", sagt Frida da. „Er war in der Nähe! Als wir aus der Umkleide gekommen sind und mit Lotta zurück in die Klasse gingen, da lief er an uns vorbei. Zum Jungenklo. Und ich Dödel hab gedacht, er hätte Durchfall oder so!" Sie zuckt die Achseln. „Er ist auf jeden Fall verdächtig. Wir haben ihn die ganze Zeit übersehen!"

„Und was machen wir jetzt?", fragt Elias.

„Jetzt?", sagt Frida. „Jetzt zeige ich euch, wo Moinmoin und Tom wohnen. Kommt mit!"

Entdeckungen im Gartenhäuschen

Als Elias, Milo und Frida bei der kleinen Reihenhaussiedlung ankommen, in der Tom und Moinmoin wohnen, ist es später Nachmittag. Es wird langsam dämmerig und aus einigen Fenstern fällt schon ein warmer Lichtschein auf die Fußwege. Außer Atem bleibt Frida stehen.

„Da, wo alles dunkel ist, wohnt Moinmoin!", schnauft sie und zeigt auf eine Eingangstür. „Und dort, zwei Häuser weiter, wo der Fernseher im ersten Stock flimmert, das ist das Haus von Tom und seiner Familie."

Elias ist ein bisschen enttäuscht. „Schade", murmelt er. „Die haben ein Rollo vor dem Fenster im Erdgeschoss. Da kann man nicht reingucken."

„Vielleicht können wir von der anderen Seite was erkennen?", überlegt Milo. „Von hinten? Durch die Gärten?"

„Probieren geht über Studieren!", ruft Frida und läuft schon los. Die beiden Jungen folgen ihr zu einem kleinen Pfad, der durch ein Dickicht zur Rückseite der Reihenhäuser führt. Als sie hinter den Gärten herauskommen, zählt Frida lautlos. „Eins, zwei, drei, vier – fünf!" Das Letzte sagt sie halblaut. Dabei zeigt sie auf einen der winzigen Gärten. „Das ist der von Toms Familie", erklärt sie. „Die haben das fünfte Haus in der Reihe."

Am hinteren Ende des kleinen Gartens, direkt vor den Nasen der drei Detektive, steht ein hölzernes Gartenhäuschen, in dessen Rückwand sich ein blindes, schmutziges Fensterchen befindet.

„Was da wohl drin ist?", überlegt Milo.

„Na, was wohl? – Rasenmäher, Gartenwerkzeug und vielleicht Fahrräder. Was sonst?", sagt Elias und versucht, durch die Hecke einen Blick auf die Terrasse zu werfen. Frida hüpft währenddessen immer wieder vor dem Fenster in die Höhe, aber es gelingt ihr nicht, hineinzuschauen.

„Mensch, Frida, so wird das nichts!", ruft Elias halblaut, stellt sich mit dem Rücken an die Wand des Gartenhäuschens und verschränkt beide Hände zur Räuberleiter.

„Super!", lacht Frida und setzt den rechten Fuß in Elias'
Hände. Sie packt das hölzerne Fensterbrett über ihrem Kopf
und zieht sich in die Höhe. Dann presst sie die Nase an die
schmierige Scheibe.

„Wow!", zischt sie beeindruckt und springt zu Boden.

„Was?!", flüstert Elias aufgeregt. „Was hast du gesehen? Nun
sag schon!"

„Keine Gartengeräte oder Fahrräder!", sagt Frida, während
Milo sich ebenfalls mit Elias' Hilfe zum Fenster hinaufzieht.

„Sondern an allen Wänden Regale. Und die sind voller Kar-
tons in allen möglichen Größen. Und auf dem Fußboden liegt
ein Handy – das sieht aus wie Noras!"

„Und Tom", flüstert Milo. „Der hockt auf dem Fußboden und
heult. Und er wühlt in seinem Rucksack! Wartet mal, was
holt er da denn jetzt raus?"

„Komm runter!", wispert Elias, dessen Arme und Beine vor
Anstrengung langsam zu zittern beginnen. „Ich will auch
mal gucken!"

Doch Milo reagiert nicht. Mit offenem Mund starrt er ins In-
nere des Gartenhäuschens. Plötzlich zieht er die Luft durch
die Zähne und keucht erschrocken.

„Etwas Kleines, Goldenes! – Das darf doch wohl nicht wahr
sein!" Milos Stimme wird lauter. „Das ist – MEINE KRAWAT-
TENNADEL!" Er stößt einen unterdrückten, wütenden Schrei
aus.

„Waaaas?!?" Elias kann es nicht fassen. „Du meinst, wir haben den Dieb gefunden?"

Milo springt auf die Erde und ruft: „Auf jeden Fall! Den schnapp ich mir jetzt!"

Mit diesen Worten will er durch das kleine Pförtchen in der Hecke in den Garten stürzen. Doch in diesem Moment ertönt durch die halboffene Terrassentür die Türklingel. *Ding-ding-dong! Ding-ding-dong!*

Erschrocken ducken sich die drei Freunde hinter die Hecke. Vorsichtig biegt Frida mit beiden Händen die Zweige auseinander, sodass die Freunde einen Blick auf die Terrassentür und das große Wohnzimmerfenster haben, in dem plötzlich das Licht angeht.

„Die Polizei!", wispert Elias und zeigt auf den Polizisten, der gemeinsam mit einer Frau – sicher Toms Mutter – und der kleinen Mara im Wohnzimmer erscheint.

„Hä?", macht Milo. „Doch schon heute? Ich dachte, die kommen erst nächste Woche."

„Egal!", zischt Frida. „Hauptsache, sie kümmern sich! Schaut mal, Toms Stiefvater ist auch zu Hause!" Während Frida auf den Mann zeigt, der ebenfalls gerade das Wohnzimmer betritt, ertönt ein leises Knarren.

Milo zuckt zusammen. „Die Gartenhäuschentür!", flüstert er. „Ich glaube, Tom kommt raus!"

Tatsächlich. Der Erstklässler streckt vorsichtig den Kopf aus dem Schuppen. Wie versteinert steht er in der Schuppentür, presst mit angstvoll geweiteten Augen seinen Rucksack an die Brust und starrt auf die Szene im Wohnzimmer.

„Er darf nicht abhauen!", befiehlt Frida plötzlich streng und springt auf. „Passt auf ihn auf!"

Und schon saust sie davon. Sie rennt, so schnell sie kann, an den Gärten vorbei, durch den zugewachsenen, kleinen Pfad zurück zur Vorderseite der Reihenhäuser. Bevor sie die Eingangstür von Toms Haus erreicht, stoppt sie abrupt. Vor dem Haus stehen der andere Polizist, den Frida schon vom Polizeirevier kennt, und … Moinmoin!

„Wir haben die gestohlenen Sachen gefunden!", sprudelt es aus Frida heraus. „In Toms Gartenhaus!"

„Gestohlene Sachen?", fragt der Polizist erstaunt. „Wir sind nicht wegen irgendwelchen Diebstählen hier. Wir sind hier, weil diese junge Dame …" Er bricht mitten im Satz ab und schaut Moinmoin verblüfft hinterher, die soeben auf demselben Pfad verschwindet, aus dem Frida gerade aufgetaucht ist. „Was hat sie denn plötzlich?", fragt er verwirrt.

„Das hängt alles zusammen – irgendwie", versucht Frida zu erklären. „Die beiden Fälle, meine ich", fügt sie noch hinzu. Als sie sieht, dass der Polizist keine Ahnung hat, worum es geht, ruft sie: „Kommen Sie einfach mit. Wir erklären Ihnen dann alles!"

Ohne sich weiter um den Beamten zu kümmern, stürmt sie erneut den kleinen Pfad entlang zur Rückseite der Gärten. ‚Wenn das so weitergeht, dann wird das noch meine Lieblings-Jogging-Strecke', denkt Frida, als sie Elias und Milo erreicht.

„Wo ist Moinmoin?", fragt sie atemlos und späht durch das geöffnete Gartenpförtchen.

Elias zeigt stumm auf Bella-Marie, die neben Tom auf der Wiese hockt und ihm liebevoll einen Arm um die Schultern legt. „Die ist gerade hier vorbeigezischt und in den Garten gedüst!", sagt er kopfschüttelnd. „Hier ist was los!"

Moinmoin beugt sich zu Tom, der leise schluchzt, und murmelt tröstend: „Nu wein man bloß nich! Dat kommt allns wieder in Ordnung!"

„Was kommt in Ordnung?", fragt die tiefe Stimme des zweiten Polizisten, der jetzt an Frida, Milo und Elias vorbeigeht und den Garten betritt.

Als Tom den Mann sieht, bricht er zusammen. Weinend stammelt er: „Ich hab das alles nur wegen Daniel gemacht. Immer hat er gesagt, ich soll was Vernünftiges aus der Schule mitbringen. Kinder wären nämlich so teuer, da müsste ich auch mal was beisteuern. Am liebsten will er Handys haben und Uhren. Eben das, was er verkaufen kann. Geld ist natürlich auch okay. Wenn ich nichts dabeihabe, wird er wütend." Mit tränenüberströmtem Gesicht schaut er zu Moinmoin auf. „Und dann rastet er immer so aus. Du weißt ja, wie fies er werden kann. Und ich hatte Angst, dass er uns verlässt und Mama wieder so traurig wird wie früher, als sie alleine war."

Bella-Marie nickt. „Das hab ich der Polizei ja erzählt, aber dann habt ihr – du und Mara und deine Mutter – gesagt, dass das gar nicht stimmt und ..." Sie verstummt.

Tom schluckt und wird rot. „Wir wollten nicht, dass das jemand erfährt. Nicht mal Mama haben Mara und ich erzählt, wie gemein Daniel ist. Mama muss doch immer so viel arbeiten, da wollten wir ihr nicht noch mehr Sorgen machen ..." Er zieht die Nase hoch und schweigt dann.

In diesem Moment stürzt Toms Mutter in den Garten und schließt ihren Sohn fest in die Arme. „Mein Schatz!", ruft sie verzweifelt. „Es tut mir alles so leid. Ich wusste nicht, dass Daniel dich zum Klauen zwingt. Vor lauter Arbeit habe ich nicht gesehen, was er hier mit euch macht." Ihre Stimme wird leiser. „Vielleicht wollte ich es auch nicht sehen. Es war einfach alles zu viel. Es tut mir so leid!"

In diesem Moment kommt der zweite Polizist aus dem Gartenhäuschen, in dem er sich ein wenig umgeschaut hat. „Da ist jede Menge Diebesgut drinnen. Computer, Tablets – alles noch originalverpackt. Das kann der Junge nicht alleine geklaut haben", ruft er seinem Kollegen zu. „Ich denke, wir nehmen den feinen Herrn erst einmal mit auf die Wache!"

Elias stößt Frida und Milo an und zeigt auf Daniel, der sich auf der Terrasse mit hängenden Schultern von dem ersten Polizisten Handschellen anlegen lässt, und sagt: „Das war's dann wohl mit Daniels Bewährung!"

Milo nickt und grinst zufrieden. „Der Fall ist gelöst!"

„Der Fall? Nur einer?" Frida kichert. „Beide Fälle sind gelöst, denke ich!"

Vier Erstkommunionskinder
in der Zeitung

Als Frida am nächsten Montag zum Erstkommunionsunterricht kommt, sieht sie schon von Weitem Elias, Milo und Bella-Marie. Die drei hocken auf den Stufen vor dem Gemeindehaus und beugen sich über eine aufgeschlagene Zeitung, die Elias auf dem Boden ausgebreitet hat.

„Steht was über uns drin?", ruft Frida aufgeregt und drängelt sich zwischen Bella-Marie und Milo.

„Ein Riesenbericht!", lacht Bella-Marie. „Über vier pfiffige Erstkommunionskinder, mit deren Hilfe die Polizei HiFi-Daniel, den Dieb und Hehler, überführen konnte."

„Vier?" Milo zählt stumm. Dann strahlt er. „Natürlich, wir drei Detektive und du, Moin… – Bella."

Elias pfeift durch die Zähne und zeigt auf ein großes Foto. Er, Bella-Marie, Frida und Milo lachen stolz in die Kamera. „Wir sind richtig berühmt", sagt er zufrieden.

„Wieso seid ihr berühmt?", fragt eine helle Jungenstimme. Es ist Tom, der gerade zusammen mit Mara aus der Kita kommt.

„Wir sind alle vier in der Zeitung!", erklärt Frida. „Schaut mal!" Sie macht ein wenig Platz, sodass Tom und seine kleine Schwester auch einen Blick auf den Bericht und die Fotos werfen können.

„Und wir haben Martin Vogt verdächtigt", murmelt Milo auf einmal und schaut Elias an.

Elias nickt bedröppelt. „Das ist so was von peinlich", sagt er leise.

„Martin Vogt?", fragt Bella-Marie erstaunt. „Wieso denn den?"

„Milo und ich haben ihn hier vor der Kita getroffen. Und da hatte er Lenis Stoppuhr in der Hand", erzählt Elias.

„Und als wir gefragt haben, woher er die Stoppuhr hat, hat er gesagt, er hätte sie im Papierkorb gefunden. Eingewickelt in Butterbrotpapier!" Milo tippt sich an die Stirn. „So ein Quatsch! Das war eindeutig gelogen! Wer wickelt denn eine Stoppuhr in altes Butterbrotpapier?"

„Ich!", murmelt Tom und wird dunkelrot.

„Wie? Du? Echt jetzt?", wundert sich Frida.

„Ich hatte an dem Tag zwar schon Theos Geldbörse gefund.. – mitgenommen", erzählt der Erstklässler mit leiser Stimme. „Aber als ich Mara abholen kam, habe ich gesehen, dass Pfarrer Roth mit euch auf die Skaterbahn gegangen ist. Und da bin ich rauf in den Jugendraum – einfach mal schauen, ob ich da was finde. Daniel war immer so fies, wenn ich zu wenig mitgebracht habe." Er schluckt.

Bella-Marie legt ihm tröstend eine Hand auf die Schulter und sagt: „Dat kummt ja nu weder all in de Rieg." Als sie Toms fragenden Blick sieht, fügt sie hinzu: „Das kommt ja nun alles wieder in Ordnung!"

Tom lächelt schüchtern. „In Lenis Rucksack habe ich dann die Stoppuhr gefunden. Ich wusste ja nicht, ob sie was wert war. Ich hab sie einfach mitgenommen. Und auf dem Fußboden, unter dem Tisch, da lag …" Er wirft Milo einen schnellen Blick zu. „Da lag was Goldenes. Deine …"

„Krawattennadel!", beendet Milo Toms Satz.

Tom nickt. „Die hab ich natürlich auch eingesteckt. Ich wusste, dass die was für Daniel war. Und die Stoppuhr habe ich in mein gebrauchtes Butterbrotpapier gewickelt. Aber als ich sie dann Daniel geben wollte, ist der fast ausgerastet. Das alte Ding sei überhaupt nichts wert. Ich solle nicht immer solchen Schrott anschleppen, hat er gesagt."

„Und dann wollte er die Uhr in den Papierkorb werfen!", ruft Milo.

Tom nickt. „Aber er hat nicht getroffen. Ich hab sie dann selbst reingeschmissen."

„Aber warum hast du sie denn Leni nicht einfach wieder zurückgegeben?", fragt Frida.

Tom schluckt. „Ich habe mich nicht getraut. Dann wäre doch rausgekommen, dass ich für Daniel klaue", murmelt er betreten.

Elias und Milo schauen sich an.

„Martin Vogt hat die Wahrheit gesagt!", sagt Elias und beißt sich auf die Unterlippe. „Er hat die Uhr tatsächlich im Müll gefunden! Als er nach Pfandflaschen gesucht hat. Oh Mann, das ist soooo peinlich!"

„Wir haben ihn zu Unrecht verdächtigt!", sagt Milo nachdenklich. „Wir müssen ihn um Entschuldigung bitten."

„Klar!", ruft Bella-Marie. „Das könnt ihr nach unserer Erstkommunion machen."

„Hä? Wie das denn?", fragt Frida erstaunt.

„Wir laden ihn einfach zu unserer Erstkommunionsfeier ein", sagt Bella-Marie, als wäre es das Selbstverständlichste auf der Welt.

„Wird es eine gemeinsame Feier geben?", fragt Milo verblüfft.

„Klar!", ruft Bella-Marie. „Wir können bei uns im Garten feiern, wenn jeder von euch einen Stuhl mitbringt. Ich frage meine Eltern, die haben sicher nichts dagegen. Und wir laden Martin Vogt ein. Der freut sich bestimmt. Und wenn er kommt, dann könnt ihr euch gleich bei ihm entschuldigen." Sie schaut Tom und Mara an. „Und ihr und eure Mutter, ihr seid natürlich auch eingeladen. Das ist doch klar. Jetzt, wo Mama und ich sowieso immer mal auf Mara aufpassen, gehört ihr ja schon fast zur Familie", sagt sie lächelnd.

„Wow!", sagt Tom und drückt Maras Hand. „Danke für die Einladung! Wir kommen total gerne. Wir freuen uns sehr auf eure Erstkommunion, nicht wahr, Mara?"

Bibliografische Information der Deutschen Bibliothek
Die Deutsche Bibliothek verzeichnet diese Publikation in der
Deutschen Nationalbibliografie; detaillierte bibliografische Daten
sind im Internet unter http://dnb.ddb.de abrufbar.

1. Auflage 2023
© 2023 Verlag Ernst Kaufmann, Lahr

Druck und Bindung: ADverts Printing House
ISBN 978-3-7806-6476-1